Glück im Ehealltag

ECON Ratgeber
Lebenshilfe

Paul Hauck

Glück im Ehealltag

Konflikte erkennen und lösen

ETB
ECON Taschenbuch Verlag

Im ECON Taschenbuch Verlag sind von Dr. Hauck außerdem erschienen:
Lieben und geliebt werden (ETB 20308)
Wer wird denn gleich in die Luft gehen? (ETB 20316)

Kathys und Henrys entzückender und einmaliger Tochter Teresa gewidmet.

CIP-Kurztitelaufnahme der Deutschen Bibliothek

Hauck, Paul:
Glück im Ehealltag: Konflikte erkennen u. lösen/Paul Hauck.
[Aus d. Engl. übers. von M. u. G. Klein]. – Dt. Erstausg. – Düsseldorf:
ECON Taschenbuch Verlag, 1987.
(ETB; 20289: ECON-Ratgeber: Lebenshilfe)
Einheitssacht.: Making marriage work <dt.>
ISBN 3-612-20289-8

Deutsche Erstausgabe

ECON Taschenbuch Verlag GmbH, Düsseldorf
Lizenzausgabe
Mai 1987

Titel des englischen Originals:
»Making marriage work«
Umschlagentwurf: Ludwig Kaiser
Titelfoto: Photo-Design-Studio Gerhard Burock
Satz: Dörlemann-Satz, Lemförde
Aus dem Englischen übersetzt von M. und G. Klein
Druck und Bindearbeiten: Ebner Ulm
Printed in Germany
ISBN 3-612-20289-8

Inhalt

Vorwort

Jedes Jahr gibt es eine erschreckend hohe Anzahl von Scheidungen und zum Überfluß noch mindestens die gleiche Anzahl von Paaren, die sich mit Scheidungsgedanken trägt oder sich in ihrer Ehe alles andere als glücklich fühlt.
Was nichts darüber aussagt, daß die Ehe fraglos die wichtigste und dauerhafteste gesellschaftliche Institution ist. Die Annehmlichkeiten der ehelichen Gemeinschaft haben eine so mächtige Anziehungskraft, daß sich nicht einmal Menschen mit mißlichen Erfahrungen in einem halben Dutzend Ehen scheuen, es zum siebten Mal zu versuchen. Ein junger Mann sagte mir in meiner Praxis auf dem Weg zu seinem Scheidungsanwalt am anderen Ende des Korridors: »Na schön, vielleicht habe ich nächstes Mal mehr Glück.«
Die meisten Menschen denken nicht so schnell an die nächste Heirat, sondern brauchen erst einmal Zeit zur Erholung. Aber sie erholen sich schnell und stürzen sich mit dem gleichen blinden Eifer wie mein junger Patient in das nächste Wagnis.
Nach meinen langjährigen Erfahrungen in der Psychotherapie wurde mir immer klarer, daß sich die meisten Menschen inklusive Geschiedener kein deutliches Bild davon machen, worum es sich bei Liebe und Ehe im Grunde dreht. Je mehr ich mir den Kopf über die Art der Schwierigkeiten der einzelnen Paare zerbrach, desto mehr kristallisierte sich eine Erklärung für das Wesen von Liebe und Ehe heraus, die mir einleuchtete. Bis zu diesem Punkt war ich nie sicher gewesen, wie ich verheirateten Menschen helfen konnte. Insgeheim hatte ich mir gewünscht, der nächste Patient käme mit einem handfesten neurotischen

Problem, mit dem umzugehen ich gelernt hatte, und nicht mit einer verkorksten Ehe, mit deren Problematik ich nicht viel anzufangen wußte.
Meine Schwierigkeit bei der Eheberatung kam daher, daß mir die theoretischen Grundlagen für die Verwicklungen in Liebe und Ehe fehlten, die mir einen Fingerzeig gegeben hätten, was sich hintergründig abspielte. Also beschloß ich, mir die Kriterien zu erarbeiten, die für eine gute und für eine schlechte Ehe maßgeblich waren. Und plötzlich hatte ich große Lust, Ehepartner zu beraten. Was mir früher unangenehm gewesen war, machte mir nun Vergnügen.
Auf den folgenden Seiten habe ich die Grundzüge meiner Theorien über Liebe und Ehe niedergelegt. Ich warne Sie aber – ich bin nämlich ein Realist. Über einige der Schlußfolgerungen, zu denen ich gekommen bin, bin ich nicht gerade froh. Im Gegenteil, ich wünschte, meine Theorien würden romantischer klingen und der menschlichen Natur ein schmeichelhafteres Zeugnis ausstellen. Ich kann nicht leugnen, daß einige meiner Erkenntnisse ein bißchen roh, nüchtern und kalt wirken. Das ist nicht zu ändern. Wenn Sie meinen Theorien mit Aufgeschlossenheit folgen und sie ohne Scheuklappen mit eigenen Erfahrungen vergleichen, werden Sie vermutlich zu den gleichen Ansichten gelangen.
Wenn Sie Ihre wichtigste menschliche Beziehung aufgrund der hier beschriebenen Grundsätze analysieren, werden Sie erkennen, warum Sie sich gegenüber Ihrem Partner oder Ihrer Partnerin so verhalten, wie Sie es tun, und ob Sie sich durchsetzen oder nachgeben sollten. Bei Ihrer Entscheidung, was zu tun ist, werden Ihnen meine Theorien von Liebe und Ehe moralische Unterstützung und Trost geben.
Machen Sie sich nicht vor, daß bereits das Wissen automatisch zu einer besseren Ehe führt. Sicherlich wird es in vielen Fällen zu einer Besserung beitragen. Die richtige Anwendung der Ratschläge dieses Buchs wird allerdings bei vielen Paaren mit Sicherheit engagierte Auseinandersetzungen über längere Zeit auslösen, wobei die Stunde der Wahrheit für einige zur Stunde der Trennung oder Scheidung werden kann.

Auch das ist nicht zu ändern. Manche Ehen sind ein so kolossaler Mißgriff, daß sie nur durch die Beendigung geheilt werden können.
Wer wirklich interessiert ist, seine oder ihre Ehe zu retten, sollte sich einem Eheberater anvertrauen. Ich fordere Sie zu diesem Schritt in der Hoffnung auf, daß Sie bei Eheschwierigkeiten durch professionelle Hilfe Ihre Lage wesentlich verbessern können, und zwar in manchen Fällen in erstaunlich kurzer Zeit. Zögern Sie diesen Schritt nicht unnötig hinaus.
Und wenn dieses Buch dazu beiträgt, aktiv etwas gegen die mißlichen Umstände Ihrer Ehe zu unternehmen, dann haben sich meine Bemühungen gelohnt. Und Ihre auch.

Mythos Ehe

Zuerst bekommen Sie Ausschnitte aus einem Brief zu lesen, den ich erhielt. Er ist sehr gefühlsbetont, aber nicht viel anders als andere Zuschriften, die mich erreichten. Um die Schreiberin zu schützen, sind Einzelheiten, mit denen sie zu identifizieren wäre, weggelassen worden, aber es kommt schließlich auf ihre Aussage an, und die ist dazu angetan, mich auf ihren Mann wütend zu machen, aber auch auf sie.

Lieber Dr. Hauck,
heute früh habe ich meinem Mann gesagt, daß ich vorhabe, einem Kegelclub beizutreten, zusammen mit einigen meiner Freundinnen. Er regte sich auf und erklärte, ich verdiene keinen freien Abend und würde Kegeln nur als Ausrede benutzen, um von zu Hause wegzukommen. Wissen Sie, er hält mich für eine Rumtreiberin, weil ich mich einmal betrunken habe und erst nach elf Uhr heimgekommen bin.
Seit dieser Nacht hat er mich mit Fragen bombardiert, mit wem ich geredet habe, was ich getan habe und so weiter.
Was mich dabei am meisten ärgert, ist, daß mein Mann ein Säufer ist und immer wieder Seitensprünge macht. Oft kommt er erst bei Sonnenaufgang heim. Aber das ist etwas anderes.
Ich will wieder arbeiten, nicht nur, damit ich nicht verrückt werde, sondern auch, um mir ein paar Sachen kaufen zu können, die ich nie bekam. In den vielen Jahren meiner Ehe habe ich nie einen neuen Kochtopf gekriegt oder andere Dinge. Ich möchte das Haus renovieren; ihm ist es nämlich egal, wie es aussieht. Wenn es nach ihm ginge, würden wir noch in Miete wohnen. Sie hätten einige der Rattenlöcher sehen sollen, in

denen ich mit ihm leben mußte! Aber seiner Meinung nach ist mein Wunsch nach Erwerbstätigkeit, um sich etwas Hübsches leisten zu können, nur eine Ausrede, um mich herumzutreiben. Einmal habe ich in einer Fabrik gearbeitet, und um von meinem Mann nicht dauernd unter Druck gesetzt zu werden, mußte ich ihm versprechen, mein ganzes Geld für ein eigenes Haus zu sparen. Dafür hatte er mir zugesagt, mein Benzingeld zu zahlen und mir etwas für das Kantinenessen zu geben. Was er natürlich niemals tat. Dafür durfte ich mein schwerverdientes Geld dazu verwenden, ihn freizukaufen, wenn er wegen Trunkenheit eingelocht worden war.
Meiner Schwester geht es auch nicht viel anders. Sie durfte auch keinem Club beitreten oder Freundinnen haben. Das macht mir Angst. Meine Gefühle sind inzwischen so aufgestaut und durcheinander und so voller Haß, daß ich schon ein schlechtes Gewissen habe.

Sie schrieb noch mehr, aber Sie sind sicher im Bilde. Ihr Grundproblem ist, daß sie nicht die leiseste Ahnung hat, wie es sich mit der Ehe verhält. Glaubt Sie etwa an eine doppelte Moral – eine Reihe von Richtlinien eigens für ihren Mann, eine ganz andere für sie selbst? Natürlich tut sie das. Hält sie sich für den minderwertigen Teil dieses Paares? Das ist offensichtlich so. Würde sie sich solche Demütigungen in einer Arbeitsstelle gefallen lassen? Nie im Leben! Ihr ist nicht klar, daß die Ehe genau so ein Geschäft ist wie ihre Arbeit. Hätte sie sich das einmal klargemacht, würde sich die Geschichte ihrer Ehe nicht halb so betrüblich lesen.
Das Leben von Millionen Männern und Frauen würde sich drastisch verbessern, wenn sie ihre Ehe als geschäftliche Vereinbarung sehen würden, in der ihnen bestimmte Rechte zustehen, um die sie nun betteln müssen. Anstatt Schuldgefühle, wenn sie ihr Recht verlangen, hätten diese Männer und Frauen die gleiche Selbstsicherheit, mit der sie ihre Ansprüche im Berufsleben vertreten. Um diesen springenden Punkt zu verstehen, müssen wir uns erst einmal das Wesen der Liebe vergegenwärtigen.

Was ist das eigentlich - die Liebe?

Vor Jahren, als ich vor einer staatsbürgerlichen Gruppierung eine Rede hielt, wurde ich von einer Frau gebeten, den Begriff Liebe zu definieren. Ich hielt die Frage für dümmlich und speiste sie mit Allgemeinplätzen ab: »Sie wissen doch, was Liebe ist. Es ist eine starke emotionale Bindung zwischen zwei Menschen, die einander nahe sind, deren Abwesenheit schmerzt und die für das geliebte Wesen nur das Allerbeste wünschen.« Doch das waren Ausflüchte, die keinen von uns befriedigt haben.

Die Frage verfolgte mich jahrelang, bis ich zu einer Definition von Liebe kam, die einen Sinn ergab. Zugegeben, sie klingt kalt und gefühllos, wie ich aus den Reaktionen derjenigen entnahm, denen ich sie zu erklären versuchte. Trotzdem bleibe ich dabei, denn sie stimmt mit meinen Beobachtungen in und außerhalb meiner Praxis überein.

Liebe ist das Gefühl, das man für einen Menschen hegt, der einem die innersten Wunschvorstellungen und Bedürfnisse befriedigt hat, befriedigt oder befriedigen wird.

Das klingt nicht besonders tiefschürfend? Aber vielleicht ist Ihnen die grundlegende Bedeutung noch nicht bewußt. Es heißt, daß Sie Menschen lieben, *weil* sie Sie gut behandeln, *weil* Sie von ihnen Angenehmes erfahren und *weil* Sie für sie wichtig sind. Die landläufige Unterscheidung zwischen Freund/in und Liebhaber/in ist falsch. Wenn Sie abgelehnt werden, reagieren Sie vermutlich auch mit Ablehnung.

Das bedeutet, daß Sie andere Menschen nur dafür lieben, was diese voraussichtlich für Sie tun werden, derzeit tun oder getan haben. Zuerst einmal lieben Sie die Wohltaten und dann erst den Menschen, der sie Ihnen angedeihen läßt. *Niemals* lieben Sie einen Menschen nur um seiner selbst willen. Und diese Weisheit steht in eklatantem Widerspruch zu der populären Überzeugung, wie sie romantische Dichter uns unermüdlich ausmalen.

Um diese praktische Interpretation des Begriffs Liebe zu untermauern, gebe ich folgende Gesichtspunkte zu bedenken:

Mangel an Befriedigung

Eine Scheidung bedeutet immer, daß zwei Menschen miteinander frustriert sind. Die Beschwerden in Scheidungsverfahren kreisen um Grausamkeit, Untreue und unvereinbar gegensätzliche Haltungen. Mit anderen Worten, die Partner waren beide oder einzeln nicht in der Lage, dem anderen die Zufriedenheit und Bedürfniserfüllung zu geben, die sie einst zusammenbrachte. Sie fallen aus genau diesen Gründen aus dem Zustand der Liebe.

Zur Ehe gehören zwei

Fast immer dreht es sich bei der Eheberatung um die Klagen einer Partei über das unmögliche Verhalten der anderen Partei. In all den Jahren meiner psychotherapeutischen Praxis ist mir nie ein Paar begegnet, das in den wichtigen Punkten in der Gemeinsamkeit Befriedigung fand und sich trotzdem scheiden ließ. Im Gegenteil werden meist von einem oder beiden Partnern ein oder mehrere unerträgliche Zustände beklagt.

Diese Beobachtung bei Eheberatungssitzungen brachte mich schon frühzeitig dazu, besonders nach den Gegebenheiten zu fragen, wo er oder sie sich vom Partner frustriert fühlt. Es ist nämlich die Frustration, die Enttäuschung, daß eigene Wünsche und Bedürfnisse unerfüllt bleiben, die zu einem Abflauen der Liebesgefühle führt. Jedenfalls kämen keine großen Spannungen auf, wenn ihre Wunschvorstellungen befriedigt würden.

Er/sie macht mich glücklich

Wir verlieben uns in eine Person, von der wir annehmen, daß sie unsere Wünsche und Bedürfnisse am besten erfüllen kann, oder in die Person, die von den erreichbaren Möglichkeiten die beste zu sein scheint.

> Louise wollte für einen Menschen wichtig sein und suchte Sicherheit, einen gutaussehenden Mann und jemand, an den sie sich anlehnen konnte. Ideal geeignet für dieses Bündel von Wünschen wäre ein Bursche, der sie heftig begehrt (weil sie sich dann wichtig vorkommt), der reich ist (Grundlage der

Sicherheit), der in Filmen Hauptrollen spielt (und also blendend aussieht) und General ist (denn der hätte einen starken Charakter und keine Scheu vor Entscheidungen).
Eine Kombination all dieser Vorzüge trifft man nicht oft, und deshalb schloß sie den Kompromiß, den Mann zu heiraten, der ihren Idealen in etwa entsprach und sie um ihre Hand bat. Doch dauerte es nicht lange, bis er auf allen 4 Gebieten versagte. Einige Jahre war er anhänglich, doch dann ließ seine Aufmerksamkeit nach. Er verdiente anfänglich gutes Geld, doch bekam er dann keine Gehaltserhöhungen, um mit den Kosten für 3 Kinder Schritt halten zu können. Zu Beginn der Ehe war er schlank und sportlich, doch durch zuwenig Bewegung und zuviel Bier abends vor dem Fernseher setzte er Speck an. Während sie dem allmählichen Schwinden ihrer Wunschvorstellungen zusehen mußte, verlor sie auch das Zutrauen zu seinen Entscheidungen. Das kam zu den anderen Enttäuschungen und nagte an ihren Liebesgefühlen – ganz natürlicherweise schmolzen sie dahin. Was gab es an ihm noch zu lieben? Er bot ihr weder Geld noch Aussehen noch Entscheidungsfreude noch Zuwendung. Also entliebte sie sich. Warum auch nicht. Wenn sie von ihm nicht annehmbares und aufmerksames Verhalten zu erwarten hatte, was unterschied ihn dann von irgendeinem Fremden, der auch nicht mehr für sie tat?
Das hieß nicht, daß sie ihn hassen mußte. Sie brauchte ihn als Mensch nicht zu verdammen, auch wenn ihr sein Wesen nicht paßte. Aber lieben brauchte sie ihn auch nicht. Warum sollte sie? Wir behalten dieses Gefühl den seltenen Menschen vor, die uns behandeln, als seien wir etwas Besonderes.

Viele Qualitäten helfen

Dieses überwältigende, mächtige Gefühl der Liebe empfindet man einem anderen gegenüber nur selten einzig aufgrund von einer besonderen Qualität, wie beispielsweise Intelligenz, gutes Aussehen oder Reichtum. Wer eine Frau nur wegen ihrer tollen Figur liebt, muß schon ziemlich frustriert oder unreif oder beides sein.

Die Liebe braucht mehr als einen Vorzug zum Überleben. Deshalb verlieben wir uns folgerichtig nur, wenn das Objekt unserer Zuneigung über eine Anzahl der Qualitäten verfügt oder zu verfügen scheint, an denen uns viel liegt. Außer nach Zuverlässigkeit, Treue, Schönheit, Humor und vielem mehr suchen wir zudem nach Güte, Geselligkeit, einer anständigen Behandlung und der Bestätigung, für den anderen wichtig zu sein. Treffen wir diese und noch einige andere subtile Vorzüge bei einem Menschen an, dann verlieben wir uns, wohlgemerkt aber erst, nachdem wir uns überzeugt haben, daß der andere die Qualitäten zu haben scheint, die uns etwas bedeuten.

Und die Liebe auf den ersten Blick?

Wahre Liebe stellt sich nicht auf den ersten Blick ein, sondern erst, nachdem man die Gelegenheit hatte, bei der anderen Person »Inventur« zu machen. Der erste Blick kann nur äußerliche Attribute erfassen und die Aufmerksamkeit auf den anderen ziehen. Wenn die späteren Erfahrungen die ursprünglichen Erwartungen bestätigen, wird die Liebe sich vertiefen. Andernfalls stirbt sie.

Wenn Ihnen also ein faszinierendes Gesicht am anderen Ende des Raums winkt und Amor seinen Pfeil verschossen hat, vergessen Sie nicht, daß Ihre Gefühlsaufwallung momentan ist. Stellen Sie dann bei einem Gespräch fest, daß die Stundenglasfigur geistige Hohlheit umschließt, dürfte es Ihnen reichen, falls Sie nicht ein Faible für dumme Frauen haben. Dann allerdings hätten Sie ein Juwel gefunden. Es kommt immer darauf an, auf was man Wert legt.

Er liebt nur ihren Körper

Die Frau, die sich darüber beschwert, daß ihr Mann nur an ihrem Körper interessiert sei, tut ihm unrecht. Warum soll er nicht ihren Körper begehren? Es ist nicht sehr wahrscheinlich, daß ihn nur ihr Aussehen angezogen hat. Und sie verkennt dabei die Tatsache, daß er sich ihr ohne ihre Figur nicht erst genähert hätte. Was aber passiert, wenn sie ihre Schönheit durch einen Unfall oder zuviel Fett einbüßt? Doch hoffentlich nicht, daß das seine Liebe zum Schwinden bringt und er gar eine Scheidung verlangt? Doch, genau das glaube ich, und ich habe es ungezählte Male beobachtet.

Wenn Schönheit und sexuelle Befriedigung für einen Mann wichtig sind, bilden sie auch die Grundlage seiner Liebe. Verliert die Frau in den ersten Jahren der Ehe diese Vorzüge, dann hatte sie wahrscheinlich auch noch nicht die Zeit, ihre anderen Qualitäten ins Spiel zu bringen, die genauso schwer wiegen wie das allgegenwärtige Verlangen nach Sex. Sollte sie aber nach 20 Jahren ihr Aussehen verändern, dann können die gemeinsamen Erlebnisse und Erinnerungen sowie die Fülle anderer Gaben den Verlust mehr als aufwiegen.

> Rudi war ein Jahr verheiratet, als er bei einem Unfall am Bau einen Gehirnschaden erlitt. Er wurde reizbar, vergeßlich und langsam im Denken. Einige der von seiner Frau am meisten geschätzten Qualitäten waren über Nacht verschwunden, und obgleich sie es nicht gern zugab, hatte das auch ihre Liebesgefühle beeinträchtigt. Sie wurden nach 2 Jahren geschieden.

Wegen Geld heiraten

Sie hat ihn nur wegen seines Geldes geheiratet, das kann man immer wieder als abfällige Bemerkung hören. Aber diese Kritik ist nicht angebracht. Wenn Geld Ihnen wichtig ist, werden Sie sich in einen Mann oder eine Frau verlieben, die es hat und mit Ihnen zu teilen gewillt ist (und hoffentlich noch über andere Vorzüge verfügt). Warum soll es sich mit Geld anders verhalten als mit anderen Qualitäten des Partners?

Mit dem gleichen Recht könnte man jemandem vorwerfen, sie habe ihn nur wegen seines gütigen Wesens geheiratet. Was verleiht dem einen mehr Wert als dem anderen? »Was dem einen sin Uhl, ist dem anderen sin Nachtigall«, und warum soll das nicht auf Charakterzüge oder andere Qualitäten zutreffen? Denken Sie einmal objektiv darüber nach. Sie werden unweigerlich zu der Schlußfolgerung kommen, daß Sie einen anderen Menschen lieben, nachdem er Ihnen die Wohltaten erwiesen hat, auf die es Ihnen ankommt. Nur um seiner oder ihrer selbst willen haben Sie noch keinen Menschen geliebt, wetten!

Und die Nächstenliebe?
Wie verhält es sich aber mit Kindern oder alt gewordenen Eltern, die meistens nicht viel für uns tun können? Wie sollte ein Baby die Wünsche und Bedürfnisse der Eltern erfüllen? Und wie soll ein Senior viel Befriedigendes für uns tun?
Kinder werden trotz mancher Unannehmlichkeiten geliebt, weil wir von ihnen eines Tages ein liebenswertes Verhalten erwarten. Oft machen sie den Erzeugern auch Freude durch Possierlichkeit und die Hilfsbedürftigkeit. Sollten sie sich aber nicht so entwickeln wie erwartet, dann - machen Sie sich nichts vor - wandeln sich auch unsere herzlichen Gefühle in Abscheu oder Gleichgültigkeit. Nur zu oft schlagen oder verlassen Eltern ihre Kinder, weil sie nicht mehr mit einer auch nur andeutungsweisen Befriedigung ihrer Wunschvorstellungen rechnen.

> Als der fünfjährige Roger auf seinen kleinen Bruder eifersüchtig wurde und erst die Wiege und dann alles mögliche im Haus anzündete und auch durch Prügel nicht abzuschrecken war, verloren die ratlosen Eltern alle Zuneigung zu ihm. Nach meiner Theorie der Liebe war genau das vorauszusagen.

Ebensowenig werden unsere Eltern von uns automatisch geliebt. Wir lieben sie, weil sie gut zu uns waren. Hätten sie uns als Kinder verprügelt, vernachlässigt oder abgeschoben, dann müßten wir schon Heilige sein, um sie trotzdem zu lieben. Liebe muß verdient werden. Altersschwache Eltern haben einen Bonus für die vielen Wohltaten, die sie uns früher erwiesen haben. Wie lieben sie um vergangener Zuwendung willen, aber nur in dem Maße, wie sie für uns gesorgt haben.

Definition des Begriffs Liebe

Liebe erwächst der Überzeugung, daß der Partner Ihnen zur Durchsetzung Ihres Eigeninteresses verhilft. Es ist eine selbstsüchtige Emotion, die auf einer Reihe von Bedingungen basiert, die zuerst erfüllt werden müssen. Werden sie nicht erfüllt, dann stirbt die Liebe allmählich oder plötzlich, je nachdem, wieviel Frustration sich angesammelt hat.

Machen Sie sich keine Vorwürfe, wenn Sie aus dem Zustand der Liebe fallen. Das bedeutet nur, daß Ihre Bedürfnisse und Wunschvorstellungen allgemein nicht befriedigt worden sind. Das war ein Teil des Problems der Patientin, deren Brief ich zu Beginn dieses Kapitels zitiert habe. Sie hat nicht begriffen, daß Liebe, wie sie landläufig betrachtet wird, ein Mythos ist, ein Ammenmärchen. Sie glaubte, daß sie ihren Partner lieben müsse, gleich unter welchen Umständen. Weit gefehlt!
Man liebt einen anderen Menschen nur so lange, wie er einen einigermaßen anständig behandelt (es sei denn, man habe Spaß an Quälerei).
Wenn Sie sich für minderwertig halten, Schuldgefühle hegen und sich zur Buße kasteien lassen wollen, dann wird sich bestimmt ein egoistischer und gemeiner Mann finden und Sie entsprechend demütigen, und Sie werden ihn bewundern, weil er Sie wegen nichts schlägt. Das ist dann wieder Liebe, weil es Ihnen ein Bedürfnis ist, gehaßt zu werden.

Die Ehe ist nicht so, wie man meint

Keinen Moment will ich die Ehe ihres Zaubers entkleiden, ihrer Gefühlstiefe oder gar die Tatsache leugnen, daß sie die allerwichtigste Beziehung im Leben der meisten Erwachsenen überall in der Welt ist. Um aber das Wesen der Ehe ohne die Verklärung der Dichter zu durchschauen, sollten Sie sich die Augen für eine realistische Einstellung öffnen lassen. Ich habe festgestellt, daß Menschen mit Realitätssinn häufiger eine gute Ehe führen als jene, denen unsinnige Phantasien im Kopf herumspuken von all den wunderbaren Ereignissen, die sich automatisch nach ihrem Jawort einstellen.
Die Ehe ist ein Geschäft. Sie ist eine Firma mit den beiden Teilhabern Herr und Frau Soundso, GmbH & Co KG. Sie bedarf einer staatlichen Lizenz, eines Gewerbescheins gewissermaßen, einer Tauglichkeitsprüfung, etwas Anfangskapitals und eines Firmensitzes, der Wohnung des Paares. In einigen europäischen und fernöstlichen Gesellschaftsgruppen wird die

Ehe ausdrücklich als Geschäftsabmachung verstanden. In Indien beispielsweise werden Kinder einander versprochen, um mächtige Familienclans zu verbinden. Es ist noch nicht lange her, daß die Frauen eine Mitgift haben mußten, um an den Mann gebracht zu werden. In Afrika war eine heiratswillige Frau auf die Anzahl der Rinder stolz, die der Vater für die Ehre, sie in die Familie des Mannes geben zu dürfen, verschenkte. Wenn das keine Geschäfte sind, was dann?

Jahrhundertelang sind Ehen zwischen Königen und Königinnen, Prinzen und Prinzessinnen aus politischen Gründen geschlossen worden, nicht aus Liebe. Sollte sich später eine liebevolle Beziehung entwickelt haben, war das ein reiner Glücksfall. Ehen sollten nationale Interessen zementieren und für die Reinheit des »blauen Bluts« sorgen. Wenn das keine Geschäfte sind, was dann?

Auch heute wird aus Geschäftsinteresse geheiratet, auch wenn das nur das Ehepaar betreffen mag. Die Frau stellt den Mann an, um ihr Gatte zu werden und bestimmte Dienstleistungen zu erbringen. Der Mann stellt die Frau an und wird sie nur so lange lieben und ehren, wie sie die ihm wichtigen Dienstleistungen erbringt.

Ob das Paar das in Worte faßt, ist nicht so wichtig wie die Tatsache, daß beide von solchen Voraussetzungen ausgehen. Als seine Angestellte wird von ihr eine bestimmte Arbeit erwartet, als ihr Angestellter wird von ihm eine bestimmte Arbeit erwartet. Wenn einer der beiden Angestellten seine Pflichten vernachlässigt, gibt es Zunder. Das könnte man mit einem Streik vergleichen. Ein Streik ist die Leistungsverweigerung einer Partei, um einen Vorteil herauszuschinden. Was anderes hat ein Mann im Sinn, der nach einem heftigen Streit auf eine Sauftour geht? Er streikt schlicht und einfach.

Oder betrachten wir die Frau, die nach einer Auseinandersetzung ihr Bettzeug packt und auf der Couch schläft. Bestreikt sie nicht ihren Geschäftspartner? Wenn sie nicht mit ihm redet, wenn er fremdgeht oder auszieht, die Scheidungsdrohungen sind allesamt Streiks eines Partners gegen ungerechte Behandlung.

Heute hat mich ein Mann aufgesucht, der knapp vor einer Scheidung steht. Er beklagte sich, daß sich seine Frau wiederholt seinen Wünschen widersetzt habe. Als sie immer wieder darüber hinwegging, daß er während der Mahlzeiten seine Ruhe brauchte und erst nach dem Essen von Problemen hören wollte, fühlte er sich verletzt und zurückgestoßen. Sein Groll staute sich auf, denn er wollte sich nicht als Diktator gebärden. Er meinte, daß eine Zusammenarbeit nach Aufforderung oder unter Zwang nicht viel wert sei. Sie sollte aus freien Stücken mitmachen, weil sie die Meinung teilte. Er war verbittert, daß er auf seinen Einwänden herumreiten mußte. Sie sollte eigentlich wissen, was er wollte, und er war nicht bereit, ihr mehr als ein paar Mal seinen Willen kundzutun. Wenn sie dauernd angestupst werden mußte, konnte sie sich ihre Gefälligkeiten an den Hut stecken.

An diesem Punkt der Tirade griff ich mit folgendem Argument ein: »Betrachten Sie Ihre Ehe als Geschäftsabmachung. Sie haben Ihre Frau geheiratet, weil sie die Partnerin zu sein versprach, von der Sie geträumt hatten. Damit sie versteht, wie Sie es gern hätten, müssen Sie ihr das deutlich erklären, und zwar sooft, bis es sitzt.«

»Aber wenn sie es dann nur tut, weil ich es kommandiert habe? Was soll ich mit einer solchen Unterordnung anfangen?« wollte er wissen.

»Sie genießen«, entgegnete ich. »Betrachten Sie es mal so: Sie arbeiten in einer Fabrik und gehen in Streik. Machen Sie mir nicht weis, daß Sie wegen der erreichten Verbesserungen Gewissensbisse gegenüber der Geschäftsleitung haben, nur weil Sie sie erzwungen haben. Ich kann mir nicht vorstellen, daß es Ihnen etwas ausmacht, Ihre Forderungen beim Management zu vertreten. Sie wollen etwas erreichen und kämpfen darum. Nun stellen Sie sich die Ehe als Geschäftsunternehmen vor. Sie arbeiten für diese Firma und wollen bestimmte Veränderungen. Wenn Ihr Arbeitgeber Ihnen nicht die Wünsche von den Augen abliest, sind Sie nicht eingeschnappt. Bei Ihrer Frau aber verletzt es Sie? Wenn Sie bei der Gehaltserhöhung, die Sie der Geschäftsleitung aus der Nase gezogen haben, keine Skrupel haben, warum sollten Sie sich unbehaglich fühlen, wenn Sie auch Ihrer Frau gegenüber einen festen Standpunkt einnehmen? Wenn Sie sich nicht dafür einsetzen, daß in Ihrem Job und in Ihrer Ehe wichtige Voraussetzungen erfüllt werden, wird es nicht lange dauern, bis Sie in beiden unglücklich sind. Und dann ist der Streik unausweichlich, genau wie Sie es erlebt haben.

Eine solche Einstellung mag niederträchtig und egoistisch klingen, aber ich halte sie für einen Ausdruck gesunden Eigeninteresses. Wenn Sie sich nicht selbst um Ihre wichtigen Interessen kümmern, auch wenn Ihre Frau sie nicht ohne Aufforderung vertritt, werden Sie der Ehe überdrüssig und sie schließlich nicht mehr aufrecht erhalten wollen. Das führt direkt in die Krise und zur Scheidung. In der Zwischenzeit wird Ihre Frau die Achtung vor Ihnen verlieren, weil Sie sich die schlechte Behandlung gefallen lassen. Und wenn die Achtung schwindet, macht sich auch die Liebe aus dem Staub.«

Ich debattierte weiter mit meinem Klienten in der Hoffnung, er würde nach Hause zurückkehren, seine Wünsche mit Nachdruck vertreten und so die Ehe retten. Meiner Erfahrung nach werden Männer und Frauen, die immer wieder nachgeben, letzten Endes so frustriert und unglücklich, daß sie ihre Nachsicht bedauern.

Die Ehe ist eine Übereinkunft, in der die Eigeninteressen der beiden Partner permanent ausbalanciert werden müssen. Nur selten darf das eigene Opfer zu Mißbehagen führen, auch wenn sich der Partner unter diesen Umständen pudelwohl fühlt. Die meisten Partnerschaften überleben es nicht, wenn der eine auf Kosten des anderen zufrieden ist. Die altmodische Meinung, daß Frauen völlig im Wohl der Männer aufgehen müssen, ist absoluter Unsinn.

In einer glücklichen Ehe genießen beide zu gleichen Teilen die Annehmlichkeiten. Ein längerfristiger Verzicht auf Zufriedenheit führt zu Depressionen und emotionalen Störungen, zu Untreue, Alkoholismus, Kindesmißhandlung und dem öden, leeren Gefühl, einen schwerwiegenden Fehler gemacht zu ha-

ben, der sich ohne tiefgreifende Auswirkungen auf die Lebensweise nicht korrigieren läßt.
Um diesen Zustand nicht erst eintreten zu lassen, gilt es zwei weitere Erkenntnisse zu bedenken, die meinen jahrelangen Erfahrungen mit Eheberatung und Psychotherapie entspringen.

- Sie sind besser dran, wenn Sie wichtige Entscheidungen mit dem Kopf und nicht mit dem Herzen treffen. Das mag wie eine Gotteslästerung klingen, aber ich wurde ungezählte Male von der Richtigkeit dieser Theorie überzeugt. Mit den Gefühlen denken ist nicht besser als gar nicht denken. Emotional gefaßte Beschlüsse sind häufig irrational.
  Die Ehefrau, die des öfteren zur Kneipe fährt, um ihren angeheiterten Gatten loszueisen, fühlt nur mit dem Herzen. Sie überlegt nicht, daß es ihr Mann als Bestätigung seines verantwortungslosen Verhaltens auffassen kann. Er wird sich also in betrunkenem Zustand immer wieder auf sie verlassen und sich nicht zusammenreißen, wenn er weiß, daß sie springt.
  Würde sie ihren Verstand einsetzen, dann würde sie sich weigern, ihn wie ein Flaschenkind zu bemuttern. Zum Teufel mit dem, würde sie denken. Wenn er seinen Alkoholkonsum nicht unter Kontrolle halten kann, dann soll er in der Kneipe bleiben, bis er wieder nüchtern ist. Dann soll er unter den Konsequenzen seines unverantwortlichen Verhaltens leiden, bis er lernt, für seine Handlungen einzustehen. Seinen Machenschaften nachzugeben ist am Ende gefährlicher, als zu versuchen, sie in den Griff zu bekommen.
  Der Ehemann, der sich das Recht herausnimmt, jedem Weiberrock nachzulaufen (während die Gattin nicht einmal einen Blick auf einen anderen Mann riskieren darf), »denkt« mit seinen Gefühlen, nicht mit seinem Verstand. Er hält sich vielleicht für fair, für einen Anhänger der Gleichberechtigung, der nur tut, was ihm zusteht. Er meint auch, er sei vernünftig. Aber wenn Sie ihm vorhalten, daß auch seine Frau Seitensprünge machen kann (was er sich selbstverständlich herausgenommen hat), wird er an die Decke ge-

hen. Das ist ein Beispiel für mit dem Herzen denken, nicht mit dem Kopf, und es führt direkt zu unguten Gefühlen.

- Angeblich lebt man meistens konfliktfrei in einer Ehe, wenn man sich nur genug liebt. Man muß lediglich zu einem Verständnis kommen, getragen von der intensiven Liebe füreinander, und dann regelt sich alles von selbst. Das ist ein Ammenmärchen.

  In der Mehrzahl der Ehen schwanken die Arrangements zwischen Krieg und Frieden. Monate- oder jahrelang mag es ruhig zugehen. Aber – darauf können Sie wetten! – früher oder später werden die Wünsche und Forderungen eines Partners heftig mit denen des anderen zusammenprallen. Nicht nur sind Auseinandersetzungen bei engen Bindungen unausweichlich, sondern ich halte sie auch für gesund. Nichts und niemand bleibt unwandelbar gleich, nicht einmal die seligsten Flitterwochen. Die menschlichen Gefühle sind Schwankungen unterworfen, und es ist nur menschlich, sich weiterzuentwickeln. Wenn sich das anbahnt, ist höchste Wachsamkeit am Platz.

> Sue war sein erklärter Liebling, solange sie seine Hemden bügelte, bei den Kindern zu Hause blieb und sich nicht über sein unregelmäßiges Heimkommen beschwerte. Eines Tages aber beschloß sie, sich weiterzubilden und am örtlichen College einen Psychologiekurs zu belegen. Plötzlich brach in dieser friedlichen Ehe der Krieg aus. Er tobte und wütete und warf ihr alles mögliche an den Kopf, weil sie es wagte, ihn auf die Kinder aufpassen zu lassen und auch noch klüger zu werden als er.
>
> Das war der Anfang eines langen Konflikts. Sie kämpfte für ihre Rechte und eine Verbesserung der Umstände gegenüber dem bisher Gewohnten. Ihr Aufbegehren war eine gesunde Reaktion, die dazu führte, daß die Pflichten nicht mehr so einseitig verteilt waren. Als sie einige Fortschritte gemacht hatte, fühlte sie sich wohler in ihrer Haut, und die Ehe wurde angenehmer. Das kommt bei gelegentlichen Auseinandersetzungen heraus – sie sind (leider) zwischen den Geschlechtern notwendig.

Ammenmärchen unter der Lupe

Die Ehe umgibt mehr Wunschdenken als jede andere Institution. Einige der landläufigen Vorstellungen sind komisch, andere einfach dumm, aber alle sind falsch oder sogar gefährlich.

Heiraten beruhigt

Angeblich ist die Ehe wie dafür geschaffen, unruhige Geister zu beschwichtigen und häuslich zu machen. Das mag zutreffen. Aber wahrscheinlicher wird ein Ehemann, besonders wenn er sehr jung ist, sich noch eine Menge Hörner abzustoßen haben. Es erstaunt mich schon nicht mehr, daß sich so viele junge Ehefrauen nach einigen Monaten Ehe darüber wundern, wenn ihr Angetrauter nicht gleich nach der Arbeit heimeilt. Er muß erst mal mit den Jungs in der Stammkneipe anstoßen oder mit seiner alten Clique oft bis in die Nacht hinein mit dem Motorrad herumrasen, manchmal auch mit fremden Bräuten. Der Reiz fremder Frauen ist nicht verflogen, nur weil er verheiratet ist.

Manche Männer werden häuslich, wenn sie heiraten, andere nicht. Wenn es nicht den Anschein hat, als würde sich Ihr Auserwählter gern domestizieren lassen, dann warten Sie mit dem Jawort, bis er soweit ist. Andernfalls lassen Sie ihn ziehen und suchen sich einen anderen Anwärter.

Zu zweit ist man glücklicher

Zäh hält sich die Vorstellung, daß man in einer Ehe glücklicher sei als je zuvor und als allein. Falsch!

In der Ehe werden Sie mehr Frustrationen und Kummer erleben, als Sie sich ausmalen können. Die Zweisamkeit kann Sie glücklicher machen als erträumt, aber um diese Seligkeit zu erreichen, müssen Sie durch eine Menge Schwierigkciten und Krisen hindurch. Zwischen Ihnen beiden wird es immer wieder auf und ab gehen, und manchmal wird Ihnen jahrelang nicht das beruhigende Gleichgewicht der Empfindungen zuteil, das sie erwartet und erkämpft hatten. Eine Frau hat 20 Jahre bei ihrem Ehemann, einem Alkoholiker, ausgeharrt, bis sie ihre Probleme ausgebügelt hatten. Kurzum, rechnen Sie nach der Eheschließung mit regelmäßigen Auseinandersetzungen. Es wäre sehr naiv anzunehmen, daß sich schon alles arrangiert, weil Sie einander ja so lieben.

Es gibt eine/n einzige/n für mich

Es ist auch ein Märchen, zu glauben, daß nur ein Mensch in der Welt der einzig richtige Partner ist, wie für Sie geschaffen. Wenn Sie sich die Definition von Liebe ins Gedächtnis rufen, merken Sie gleich, wie irrig diese Meinung ist. Es gibt buchstäblich Hunderte von Menschen, in die Sie sich verlieben könnten. Wenn jemand Ihre innersten Wunschvorstellungen und Bedürfnisse befriedigt, verlieben Sie sich wieder und immer wieder, und jede dieser Lieben kann echt und tief sein.

Wenn Sie das nächste Mal jemand fragt, ob man zwei Menschen gleichzeitig lieben kann, dann könnten Sie antworten: »Ja, zwei oder ein Dutzend, falls Sie genug in der Gegend herumkommen.«

Aus Liebe tut man alles

Die Vorstellung scheint unausrottbar, daß der Partner alles für Sie tut, was Sie wollen, wenn er Sie richtig liebt. Sie vergessen dabei, daß der Partner mit den gleichen Erwartungen kommt und von Ihnen Nachgiebigkeit erhofft, falls Sie ihn so lieben, wie Sie sagen.

> Willi war mit Marie böse, weil sie seine wochenlangen Angeltouren nicht akzeptierte. Aber auch sie fand ihn lieblos, weil er nicht merkte, daß ihr die jährliche Einkaufsfahrt in die Großstadt mit ihren Freundinnen ein Bedürfnis war. Wer hat also recht? Keiner der beiden. Der springende Punkt ist immer, wem welche Frage am wichtigsten ist. Marie müßte eigentlich spüren, ob die Angeltouren eine Laune oder ein Herzenswunsch sind, und das gleiche trifft auf Willi zu. In dem Fall half ein Gespräch beiden auf die Sprünge, und jeder konnte seinen Ausflug machen.

Jeder der beiden muß also erkennen, wie wichtig dem anderen die Erfüllung einer Wunschvorstellung ist, und dann eben mal eigene Wünsche zurückstecken. Dahin kommt man durch Diskussionen und schließt dann Kompromisse. Das Argument »wenn du mich wirklich liebst, dann würdest du . . .« sollte gar nicht ins Spiel gebracht werden, denn das entsprechende Gegenargument führt sofort in den Irrgarten, in dem die landläufigen Ammenmärchen über das Wesen der Ehe beheimatet sind.

Liebende streiten nicht

Die Vorstellung, daß Liebende den immerwährenden Frieden gepachtet haben, kommt aus der gleichen Ecke wie das vorige Ammenmärchen. Ausgerechnet ein sehr gut aussehendes und intelligentes Paar suchte mich einmal auf, weil sie die Probleme ihrer Ehe nicht besprechen konnten.

Sie waren zueinander so höflich, daß nie ein böses Wort fiel. Sie erhoben auch bei Meinungsverschiedenheiten nie die Stimme. Als sähen sie die Tretminen nicht, konnten sie über die konfliktgeladensten Themen plaudern, über Geld, Schwiegereltern, Freunde oder die Arbeit. Als Jakob eifersüchtig wurde, weil Betty sich auf ihrer Party einem gutaussehenden Gast widmete, verbot es ihm seine Erziehung, ihr zu zeigen, wie zurückgewiesen und angegriffen er sich fühlte. Statt dessen schnitt er das Thema so an:

»Liebling, hast du gestern abend das Gespräch mit Mark Hall genossen?«

»Wieso? Ja. Fandest du ihn nicht auch interessant?«

»Na ja, ich habe nicht gerade viel mit ihm gesprochen. Ich habe mir nur Gedanken gemacht, daß sich vielleicht einige unserer anderen Gäste etwas vernachlässigt fühlen könnten. Noch etwas Tee?«

»Nein, danke, Liebling.«

»Also, wo waren wir? O ja, ich wollte dich warnen, daß Mark recht geschickt mit Frauen ist. Sei ein bißchen vorsichtig, nicht wahr.«

»Ach, Jakob, was du dir für Sorgen machst«, entgegnete sie, ohne zu ahnen, wie erschüttert ihr Mann in Wirklichkeit war. Jakob und Betty hatten von klein auf gelernt, daß es unfein sei, sich mit erhobenen Stimmen zu streiten. Für sie war es ein Zeichen von gesellschaftlicher Gewandtheit und Reife, unter allen Umständen höfliche Konversation zu treiben. Ich bewundere es, wenn sich zwei Menschen friedlich und zivilisiert unterhalten, aber dann darf es nicht so unterkühlt zugehen, daß vom wahren Gesprächsinhalt nichts mehr durchdringt. Beispielsweise gab Jakob nicht zu erkennen, wie stark er den Flirt seiner Frau mißbilligte. Statt dessen warnte er sie vor Mark als Weiberheld. Jakob hätte zu gern Betty verboten, Mark jemals wieder einzuladen, hielt das aber für zu grob. Er hätte am liebsten noch einiges anderes von den Dingen zur Sprache gebracht, die ihm nicht über die Lippen kamen.

Diese Unterhaltung trug nicht zu einer Klärung bei, denn sie ging nicht auf die entscheidenden Punkte ein.

Selbst wenn Sie Ihren Partner sehr lieben, wird er oder sie Ihnen genug Probleme bereiten, um ein ganzes Buch zu füllen. Liebe ist keine Garantie gegen eheliche Konflikte. Es ist besser, sie auszutragen, in der Ehe ebenso wie im Geschäftsleben. Falls sich die strittigen Punkte diplomatisch ans Licht bringen lassen, um so besser. Aber Festigkeit ist angesagt, nicht zornige Aufwallung. Eine Auseinandersetzung muß nicht in gräßliche Szenen ausarten, selbst wenn sie laut wird, ebensowenig wie ein Tarifkonflikt zwischen Gewerkschaft und Firmenleitung zu persönlichen Beleidigungen und Handgreiflichkeiten führen muß. Meiner Erfahrung nach bekommt es einer Ehe am besten, wenn Schwierigkeiten ehrlich und offen ausgetragen werden. Die Anklage wird in eindeutige Worte gefaßt und bekommt so Gewicht. Jakob hätte beispielsweise das Thema so anschneiden sollen: »Liebling, du hast gestern ziemlich viel Zeit mit Mark verbracht. Meiner Meinung nach war das den anderen Gästen gegenüber unfair, und mich hat es eifersüchtig gemacht. Könntest du das wohl in Zukunft lassen?«

Betty hätte darauf wie folgt reagieren können: »Aber Liebling, du regst dich umsonst auf. Ich habe mich gar nicht so viel mit Mark beschäftigt. Ich wollte, daß er sich bei uns wohl fühlt, wie ich es mit allen Gästen mache. Du brauchst wirklich nicht eifersüchtig zu sein. Das stört mich.«

»Wahrscheinlich hast du recht, Betty. Aber ich habe nun mal den Hang zur Eifersucht und wäre dir dankbar, wenn du mir keinen Grund zur Sorge gäbst.«
»Gut, einverstanden. Aber dann mußt du auch ein Zugeständnis machen.«
»Was für eines?«
»Geh in eine Therapie.«
Auf diese Weise können Liebende ihre Probleme lösen, anstatt sich nur darüber zu beschweren. Solche Szenen sind bedauerlich, aber notwendig. Auf der Durchsetzung von Wünschen zu bestehen kann die Ehe retten und wird sie bestimmt nicht zerstören. Es ist, wie gesagt, ein Ammenmärchen, daß sich nicht streitet, was sich liebt.

Auf Händen tragen

Lassen Sie sich auch nicht vortäuschen, daß Männer von den Frauen geliebt werden, denen sie alle Wünsche von den Augen ablesen und die sie auf Händen tragen. Ein Oberschüler, der seine Flamme erobern will, fragt sie, welchen Film sie sehen will und wo sie anschließend hingehen sollen. Bei jedem Zusammensein ist er darauf bedacht, seine endlose Liebe unter Beweis zu stellen und jeder ihrer Launen nachzugeben. Mit diesem Rezept kann er nicht fehlen, denkt er.
Falsch. Er merkt nicht, daß er es ganz verkehrt anfängt. Anstatt ihr als Ritter in schimmernder Rüstung zu erscheinen, macht er (und andere unerfahrene Männer) sich nur zum Narren.
So ist es. Ob Sie es glauben oder nicht, die Frauen haben keine Achtung vor Männern, die sie um den Finger wickeln können. Das einzusehen fiel mir schwer. Wenn ich meistens meinen Kopf durchsetzen konnte, hielt ich es für ein Zeichen, daß ich beliebt war und die anderen auf meine Freundschaft Wert legten. Deshalb kam es mir zuerst böhmisch vor, als Frauen sich in meiner Praxis darüber beklagten, daß sie für ihre Männer keinen Respekt haben könnten, weil sie sie immer gut behandelten. Und so kam ich dahinter.
Für Frauen ist Sicherheit wichtiger als Nachgiebigkeit. Wenn sie von ihren Freunden oder Partnern bestimmte Dinge ver-

langten, wollten sie, daß einige der Wünsche erfüllt wurden, aber nicht alle. Wenn die Männer ihnen nämlich etwas abschlagen konnten, dann war das auch ein Zeichen, daß sie Zurückweisungen ertragen konnten, daß sie Stärke bewiesen und nicht jeder sie ins Bockshorn jagen konnte. Wer seinen Standpunkt nicht des öfteren durchsetzt, jagt den Frauen einen Schrecken ein, weil sie erkennen, daß sie sich an einen Jungen, nicht an einen Mann angeschlossen haben.

Zuerst sind sie seiner nicht sicher. Um also das Maß seiner Standfestigkeit auszuprobieren, stellen sie immer größere Forderungen und hoffen jedesmal, der Mann möge Rückgrat zeigen und sich wehren. In ihrem Herzen wünschen sie sich einen Mann, der ihnen nicht immer nachgibt, sondern Kraft und Selbständigkeit beweist.

Nun mögen Sie einwenden, warum Frauen dann so ein Geschrei machen, wenn ihnen Bitten abgeschlagen werden. Wenn sie im Innersten einen widerspenstigen Partner wollen, warum freuen sie sich dann nicht, wenn er Rückgrat zeigt?

Ja, das ist der springende Punkt. Ich habe festgestellt, daß Frauen nur Theater spielen, wenn sie mit den Füßen aufstampfen, einen Schmollmund ziehen und vielleicht sogar ein paar Tränen vergießen. Lassen Sie sich nicht kleinkriegen - vergessen Sie nicht, daß Sie Versuchskaninchen sind. Wenn Sie einen solchen Härtetest bestehen, dann haben Sie ihren Respekt verdient. Wenn sie dieses Mal klein beigeben, wird sie das nächste Mal schwerere Geschütze auffahren und Wutanfälle vortäuschen, während sie insgeheim (und vielleicht unbewußt) auf Widerstand hofft.

Wenn Sie die Frau Ihres Lebens für sich gewinnen wollen, müssen Sie sanft, gütig und aufmerksam sein. Aber übertreiben Sie es nicht! Verschaffen Sie sich zuerst ihren Respekt, dann kommt die Liebe fast von selbst nach. Man kann keinen Menschen lieben, den man nicht achten kann, oder? Den Respekt wird sie Ihnen zollen, wenn Sie ihr gezeigt haben, daß Sie sie nicht unbedingt brauchen, obgleich sie Ihnen sehr wichtig ist. Das will sie genau wissen, nämlich, daß Sie Manns genug sind, auch ohne sie auszukommen. Wenn sie Sie nicht an der Nase

herumführen kann, wird es auch anderen nicht gelingen. Wenn Sie genügend Reife zeigen, um ohne große Schwankungen einen festen Standpunkt einzunehmen, dann hat sie guten Grund, sich in Ihrer Gegenwart geborgen zu fühlen.
Vergessen Sie nicht: Frauen ist Sicherheit wichtiger als verwöhnt zu werden. Seien Sie also nett zu Ihrer Angebeteten, aber kein Schlappschwanz. Frauen mögen Softies, aber mit einem harten Kern.

Eheglück ist machbar

Dem letzten Ammenmärchen zufolge wird jede Ehe zum Erfolg, wenn man sich nur genügend anstrengt. Wenn Sie sich alle Möglichkeiten von passenden Paarungen der großen verfügbaren Auswahl vor Augen führen, werden Sie zugeben müssen, daß eine glückliche Ehe ein wahres Wunder ist. Und doch hat sich die Meinung gehalten, daß sich eine gute Ehe erarbeiten läßt; Geschiedene machen sich deshalb den Vorwurf, sich nicht genügend angestrengt zu haben. Sie machen sich einfach nicht klar, daß einige Ehen wirklich nicht im Himmel geschlossen wurden und auch durch noch soviel Mühe und Geduld nicht zu reparieren sind.
Es läuft darauf hinaus, daß man die Ehen grundsätzlich in 2 Gruppen einteilen kann. Die eine funktioniert, weil die beiden Partner keine unvereinbaren Gegensätze haben, auch wenn sie sich wegen ihrer individuellen Neurosen erst einmal und immer wieder zusammenraufen müssen. Wenn sie ihre unterschiedlichen Meinungen auf einen Nenner bringen können, eventuell mit Hilfe eines Beraters, dann wird sich bei ihnen wieder die Harmonie und das Glück einstellen, das sie anfänglich erlebten.
Zur 2. Gruppe gehören jene Ehen, die besser nicht geschlossen worden wären. Die grundlegenden Unterschiede zwischen den beiden Partnern sind so unüberbrückbar, daß nicht einmal viel Verständnis zu einer Einigkeit führt, es sei denn, einer der beiden gäbe seine innersten Überzeugungen auf.
Wenn beispielsweise der eine an das Gute im Menschen und an Gott glaubt und ein Leben mit Anstand und Ehrlichkeit wichtig

findet, wird er täglich einmal durch die Hölle gehen, wenn der andere alle Menschen für Gauner hält, die betrogen werden müssen, und Religion ablehnt. Es ist doch nicht vorstellbar, daß zwei so verschieden eingestellte Menschen unter einem Dach glücklich werden.

Es kann einem Paar passieren, daß es erst nach einigen Ehejahren die tiefe Kluft zwischen ihren Vorstellungen bemerkt. Wenn sich ihre Ansichten und Einstellungen weiterentwickelt haben, mag das in verschiedene Richtungen geschehen sein.

Was läßt sich da unternehmen? Vielleicht können die beiden die Gegensätze tolerieren und das Beste aus ihrer Lage machen, gezwungenermaßen, weil entweder die Religion oder die finanzielle Lage eine Scheidung verbietet. Eheberatung wird wenig nützen, weil eine solche Ehe von vorneherein ein Irrtum war. Am vernünftigsten wäre natürlich eine Scheidung.

Machen wir uns nichts vor: Harte Arbeit und ein guter Wille können Wunder wirken, aber manchmal stehen sie machtlos vis-à-vis eines Ehepaars, das besser nicht geheiratet hätte.

Und das ist das allerletzte Ammenmärchen, nämlich daß sich durch Eheberatung alle gestörten Ehen retten lassen.

Warum die Menschen heiraten

Liebe ist nicht das einzige Motiv für eine Heirat. Ehen werden geschlossen, weil man vom Partner ein bestimmtes Wohlverhalten erwartet, und wenn man es erlebt, verliebt man sich. Es ist also an der Zeit, sich die Ziele anzusehen, die die Leute mit einer Eheschließung zu erreichen bestrebt sind. Manche der Heiratsgründe sind neurotisch, manche sind vernünftig und gesund. Die Liebe ist der Preis.

Neurotische Gründe für eine Heirat

Wir waren uns doch einig, daß man den Menschen liebt, der einem innere Bedürfnisse befriedigt. Wenn Menschen also aus neurotischen Gründen heiraten, können sie sich ebenso lieben wie unneurotische Menschen, weil ja auch bei ihnen eine Erfüllung von - wenn auch verqueren - Wunschvorstellungen eintritt. Betrachten wir also die verschiedenen Motive.

Den Eltern zum Trotz

Diese Sonderform neurotischen Verhaltens tritt zumeist bei Teenagern auf, deren wohlmeinende Eltern ihnen die Ehe verbieten. Das wirkt genau wie das rote Tuch auf den Stier. Rät man diesen jugendlichen Rebellen, sich die Zähne zu putzen, dann lassen sie es lieber auf Karies ankommen. Hält man sie zu fleißigem Lernen an, damit sie sich eine gute Ausbildung sichern, dann schlagen sie bestimmt kein Buch mehr auf. Verbietet man ihnen Verabredungen aus Angst, sie könnten in schlechte Gesellschaft geraten, dann verdrücken sie sich durch das Kellerfenster. Verweigert man ihnen die Zustimmung zur Heirat, werden sie sich in solche Schwierigkeiten hineinreiten, daß man keine andere Wahl hat, als nachzugeben. Ergo gehen sie zum Traualtar.

Man nennt das einen *Machtkampf*. Die Eltern wollen demonstrieren, daß sie die Vorherrschaft haben über die Kinder, während die Kinder ihre Macht demonstrieren wollen. Wer hat recht? Auch wenn es Ihren Stolz verletzt, sage ich Ihnen, daß die Kinder im Recht sind. Wenn Ihre Autorität nicht für eine Kontrolle der Kinder ausreicht, dann haben Sie kein noch so abwegiges Mittel, die Kinder zur Vernunft zu bringen. Sie müssen mit ansehen, daß genau der Kummer eintritt, den Sie vorausgesagt haben.

Während es also zu spät ist, den Schaden von ihnen abzuwenden, ist diese unheilbringende Trotzreaktion vielleicht dazu angetan, beim nächsten Mal den Rat der Eltern nicht in den Wind zu schlagen. Das ist ein schwacher Trost, ich weiß, aber was bleibt sonst?

Gegen den Willen der Eltern heiraten ist genau die Art von Machtkampf, den junge Leute manchmal austragen. Sie wollen in eine Ehe, nicht aus heftigem Liebesverlangen, sondern um es den Alten zu zeigen oder um sie zu erniedrigen. Wie könnte man Eltern besser demütigen und ärgern, als sie auszulachen, wenn sie einen anflehen, mit der Heirat doch noch zu warten? Leid kann einem auch die ahnungslose Braut oder der Bräutigam tun, der die Machtspielchen des anderen nicht durchschaut. Der Partner hält es für eine Liebesheirat, während doch Trotz das treibende Motiv war.

Nach Jahren mag der Trotzige allmählich begreifen, daß er nicht hätte heiraten sollen, es aber aus Scham nicht zugeben. Also wird er weiterhin unglücklich bleiben, und dann gehen die Schwierigkeiten erst richtig los.

Um einen Minderwertigkeitskomplex zu kompensieren

Sie ist ein unscheinbares, schüchternes Ding und nicht sehr beliebt, obgleich sie hübsch ist. Sie hat ihr Abschlußexamen mit guten Noten bestanden. Bildungsmäßig fühlt sie sich also nicht unterlegen, wohl aber gesellschaftlich. Doch als sie Dick kennenlernte mit seiner sonnigen Führernatur, war der Bann gebrochen. Sie machte sich nichts vor, warum sie plötzlich akzeptiert wurde. Ihr neuer Freund zog sie mit sich ins Rampenlicht, und an seiner Seite fühlte sie sich sicher. Ohne ihn wurde sie von den anderen gemieden.

Hätte sie seine Gesellschaft als Hilfsmittel benutzt, um sich weiterzuentwickeln und die negative Meinung von sich selbst zu korrigieren, hätte sie viel profitiert. Indessen fühlte sie sich weiterhin als ein Nichts, außer in seiner Gesellschaft und von seinen Blicken getragen. Eine warme Geste oder ein freundliches Wort von ihm, und aus Aschenputtel wurde eine Prinzessin. Als er auf die Bewunderung ansprach und ein Jahr nach ihrem Schulabgang um sie anhielt, konnte sie nicht widerstehen.

Natürlich war sie rettungslos verliebt. Millionen junger Leute sind vor ihr zum Altar geschwebt, vom gleichen neurotischen Motiv getragen, nämlich einer Heirat, um das Ego aufzubauen. Warum ist das neurotisch? Weil es unmöglich ist, den eigenen Wert durch einen anderen bestimmen zu lassen. Das Minderwertigkeitsgefühl kommt daher, daß man meint, unwürdig zu sein, weil etwas am eigenen Verhalten nicht in Ordnung ist. Man nennt das Selbstvorwürfe. Daraus entspringen Schuldgefühle und ein Minderwertigkeitskomplex.

Gleichgültig, wo Sie sind, mit wem Sie zusammen sind oder wie tadellos Sie sich benehmen, werden Sie sich mit Ihrer Scham und den Selbstvorwürfen minderwertig vorkommen, weil Sie nicht an ihre hochfliegenden Ideale heranreichen. Mit Herrn oder Frau Wunderbar verheiratet zu sein ändert Ihren Zustand nur in den flüchtigen Momenten, in denen Sie in seiner/ihrer Zustimmung baden. Ihr Partner braucht sich nur ein bißchen über Sie zu ärgern, und Ihr Minderwertigkeitsgefühl kehrt mit Macht zurück.

Dick meint, von seiner Frau geliebt zu werden. Genaugenommen liebt sie das Gefühl, in seiner Gegenwart kein Niemand zu sein. Entzieht er ihr seine Unterstützung, wird sie sich aufregen und allmählich aufhören ihn zu lieben. Der unausgesprochene

Ehekontrakt verlangt von ihm, ihr Überlegenheitsgefühle zu verleihen. Deshalb hat sie ihn genommen – als Abwehr gegen ihre Minderwertigkeitsgefühle.
In Ehen, die auf einer solchen Basis geschlossen wurden, entwickeln sich die Dinge nicht selten negativ. Im frühen Stadium der Gemeinsamkeit wird unsere schüchterne Kleine ihren strahlenden Helden grenzenlos bewundern und alles toll finden, was er tut; bei ihm fühlt sie sich gleich besser. Aber Dick ist kein Ritter ohne Furcht und Tadel. Er ist ein netter junger Mann, mit Betonung auf jung. Es gibt Zeiten, da zeigt er sich als Gatte unbeholfen, unerfahren und nicht in bester Form. Seine Frau registriert diese Anzeichen mit Sorge, fürchtet das Schlimmste, und das kann das Ende der Flitterwochen bedeuten.
Wer Minderwertigkeitsgefühle übewinden will, sollte sich dem Problem stellen und aktiv dagegen angehen. Es nützt nichts, sich darauf zu verlassen, daß andere den Fehler korrigieren. Wenn Sie jemanden heiraten, der Sie in Ihrem Wachstumsprozeß unterstützt und Ihnen Selbständigkeit lehrt, gut und schön. Aber das Problem einfach auf den Partner abzuwälzen kann nicht funktionieren. Letzten Endes müssen Sie selbst für Ihre Mängel geradestehen, selbst wenn Sie sich in Beratung oder Therapie begeben. Etwas anderes zu erwarten, ist neurotisch und wird zu Enttäuschungen in der Ehe und recht schnell zur Scheidung führen.

Um den Partner zu therapieren

Schon mal von einer therapeutischen Ehe gehört? Man nennt sie nicht so, aber es gibt sie massenhaft. Das ist eine Ehe, die auf der unausgesprochenen Vertragsgrundlage basiert, daß der eine Partner die Elternrolle übernimmt und der andere das Kind spielt.
Wenn Sie danach streben, sich wichtig zu fühlen, und ein weites Herz haben, dann sind Sie der richtige Kandidat für eine therapeutische Ehe. Passen Sie auf! In einem solchen Fall heißt Liebe die Gelegenheit, sich an jemanden anzuschließen, der krank, schwach oder kindisch ist. Ein solcher Mensch wird Ihre Pflege- und Mutterinstinkte wie nichts herausfordern. Man

nennt solch eine Verbindung auch »Krankenschwestersyndrom«. Das hat nichts mit der weiblichen Rolle zu tun, denn ein Mann kann seine Frau ebenso pflegen wie umgekehrt.
Bei einer therapeutischen Ehe soll der Partner labil, unsicher, entscheidungsschwach und möglichst unreif sein. Andernfalls würde der Pflegertyp sich nicht von ihm oder ihr angezogen fühlen. Er oder sie muß also viele Schwächen haben. Können Sie sich etwas Paradoxeres vorstellen? Doch genau das wird verlangt, denn das eigene Gefühl der Überlegenheit läßt sich natürlich am besten aufbauen, wenn der andere minderwertig ist.
Deshalb heiraten einige Frauen absichtlich Säufer. Sie jammern zwar regelmäßig über die verantwortungslose Art ihrer Männer, die Würdelosigkeit, sie ins Bett bringen und gelegentlich von der Polizei abholen zu müssen. Dafür können sie ihnen zu Hause die Hammelbeine langziehen und ihre Überlegenheit ausspielen. Solange sein Verhalten nicht bestimmte Grenzen übersteigt, kann das Spielchen fröhlich weitergehen: Mutti schimpft ihren bösen Jungen und erfreut sich ihrer relativen Macht und Stärke, während es ihm Sicherheit vermittelt, von jemandem umsorgt zu werden, der seine Interessen wahrnimmt. Das gerüttelte Maß an Demütigungen, das eine solche Ehe aushält, ist wirklich erstaunlich.

Sylvia hat Rogers Spielleidenschaft toleriert, obgleich sie einen Job annehmen mußte, um gegen die Schulden anzukommen. Als er seinen Wagen zu Schrott fuhr und den Führerschein verlor, chauffierte sie ihn im Zweitwagen zur Arbeit. So weit, so gut. Sylvia fühlte sich bei solchen Opfern übermächtig. Sie wurde mit allen Widrigkeiten fertig, und das wußte sie auch. Darüber hinaus sonnte sie sich in den Komplimenten ihrer Freunde und Verwandten, wie gut sie jede Krise meisterte. Sylvia war in ihrem Element.
Doch dann verließ Roger sie. Damit hatte sie nicht gerechnet. Das war ihre Achillesferse, und sie wußte nicht, wie sie mit der neuen Situation umgehen sollte. Diese Art von Verantwortungslosigkeit ging zu weit! Es ließ sie in einem ungünstigen Licht erscheinen, im Gegensatz zu früher, und ihre Zu-

neigung für Roger nahm schlagartig ab. Sie war nicht mehr bereit, seine Pflegemutter zu spielen, denn nun hatte er die Grenzen überschritten.

Nicht alle so einseitigen Ehen müssen ins Unglück führen. Wenn der Stärkere wirklich will, daß der Schwächere erwachsen wird und sich weiterentwickelt, wird er oder sie sich nicht gerade einen Partner aussuchen, der trinkt, spielt oder zu nichts taugt. Und er wird die Rettungsmaßnahmen einstellen. Sylvia hätte sich beispielsweise weigern können, ihn aus dem Gefängnis auszulösen. Mochte er ruhig brummen, bis er gelernt hatte, sich nicht in die Klemme zu bringen. Wenn es an Geld mangelte, hätte sie zu Hause bleiben können, damit er die Misere am eigenen Leib spürte, anstatt sich Arbeit zu suchen. Vielleicht hätte das aus dem Jungen einen Mann gemacht. Aber Sylvia hätte sich seiner Entwicklung anpassen müssen. Wenn er sich ändern sollte, mußte sie es auch tun.

Mein Rat an Leute mit dem Krankenpflegersyndrom ist, den Tatsachen ins Auge zu sehen. Wenn das geliebte Wesen vor der Ehe schon bestimmte Schwachpunkte zeigt, ist anzunehmen, daß sie auch in der Ehe auftreten. Schlagen Sie sich aus dem Kopf, daß die Liebe alles besiegt. Das tut sie nicht.

Wenn Ihre Freundin mit dem Geld herumwirft, können Sie auch später mit dicken Ausgaben rechnen. Wenn Ihr Freund jetzt schon unpünktlich ist und Verabredungen nicht absagt, wenn ihm etwas dazwischenkommt, dann wird sich dieser Zug auch nicht automatisch durch die Ehe ändern.

Ich will damit nicht behaupten, daß Menschen sich nicht ändern können. Ich sage nur, daß Sie mit solchen Verhaltensweisen Schwierigkeiten haben werden, die zu überwinden ein hartes Stück Arbeit ist. Machen Sie sich nicht vor, daß er zu Ihnen netter sein wird, wenn er seine Eltern respektlos behandelt. Noch schmiert er Ihnen Honig ums Maul, aber nach der Heirat wird er die gewohnten Saiten aufziehen. Grobheiten und ruppige Manieren ist er gewohnt, und Sie werden ihn durch Güte kaum davon abbringen können. Mit professioneller Hilfe schafft er es vielleicht.

Um kein Hagestolz oder keine alte Jungfer zu werden

Nichts ist mehr dazu angetan, das Jungvolk in eine überhastete Ehe zu drängen, als die Angst, sitzenzubleiben, wenn sie nicht die erstbeste Gelegenheit am Schopf packen. Das scheint das Hauptmotiv für Schulabgänger zu sein. Im Vergleich zu ihren vielleicht genauso voreiligen Freunden meinen sie, sonst im Nachteil zu sein und als Versager zu gelten. Selbst vernünftige junge Leute lassen sich vom Gebimmel der Hochzeitsglocken ringsum nervös machen und rennen zum Altar, um dem Odium des Ungeliebtseins zu entgehen - eine Tendenz, die zum Glück allmählich abnimmt.

Manchmal sind es auch die Eltern, die ihre Kinder in die Ehe drängen, einerseits, um die Verantwortung loszuwerden, andererseits aus Sorge, die Kinder könnten sonst gar nicht heiraten. Ihnen fehlt die Weisheit, daß ein unverheiratetes Dasein keine Schande ist. Der Tag ist nicht weit, an dem manche ihren unüberlegten Entschluß bereuen.

Psychologisch gesehen folgen die jungen Leute ihrem Leithammel in den Ehestand nach, weil sie sich an seinen Errungenschaften messen. Sie meinen irrigerweise, daß sie als komplette Versager gelten, wenn es ihnen nicht gelingt, einen Partner zu ergattern. Sie halten ein bestimmtes Verhalten für einen Teil der Persönlichkeit - ein gravierender Fehler. Das Wesen eines Menschen und seine Handlungen sind nicht gleichzusetzen.

Wenn man in einem Bereich versagt, dann hat man nur diesen einen Punkt nicht geschafft, mehr nicht. Zu einem Menschen gehören noch viele andere Bereiche, und der Wert einer Person richtet sich nicht nach dem Sieg in einem Beliebtheits-Wettbewerb oder nach einer Zurückweisung durch Freunde.

Es kommt auf die Einstellung an. Eine Zurückweisung schmerzt nur dann, wenn Sie sie sich zu Herzen nehmen. Tatsächlich sind Sie der einzige Mensch, der Sie aufregen kann; die anderen können Ihnen nicht unter die Haut gehen. Die anderen können Sie körperlich verwunden, Sie anschießen oder prügeln oder überfahren oder verhungern lassen. Sie können Ihnen Knochen brechen, Ihnen blutige Wunden schlagen und Ihnen innere Verletzungen beibringen. Aber niemand kann Ihre Gefühle

verletzen oder Sie wütend, deprimiert, nervös oder minderwertig machen. Diese Verletzungen können nur Sie selbst sich beibringen, indem Sie darauf eingehen.
Wenn Sie sich minderwertig fühlen, nur weil Sie nicht mit einem funkelnden Verlobungsring protzen können, dann legen Sie sich selbst die Daumenschrauben an, was neurotisch ist. Ein Mann wird für eine Menge Verständnis haben, aber nicht dafür, daß er als Mittel benutzt wird, damit sich seine Freundin oder Braut nicht als Außenseiterin vorkommt. Vielleicht wird es noch eine gute Ehe, aber nur dann, wenn sie ihre neurotische Einstellung zum Leben überwindet.

Aus Angst vor Unabhängigkeit
Einer der neurotischsten Gründe für eine Heirat in sehr jungen Jahren ist die Angst vor dem Erwachsenwerden. Der Reifeprozeß ist ein schmerzhaftes und mühsames Unterfangen, und manche Leute verlegen sich auf alle möglichen Ausflüchte, um dem Erwachsenwerden zu entgehen. Manche kränkeln, um im Wettstreit nicht antreten zu müssen, manche ziehen sich auf Nebenschauplätze zurück und gehen aus Angst vor dem Versagen jedem Risiko aus dem Weg. Es gibt alle möglichen Spielchen, um sich der Verantwortung zu entziehen. Eine frühe Ehe gehört zu den beliebten Strategien.
Das trifft besonders auf Mädchen zu. Wie könnte es sich wirkungsvoller vor der Entdeckung und Entwicklung ihrer Fähigkeiten drücken, als wenn es mit Siebzehn Hausmütterchen spielt? Sie kann nun unangefochten von der Schule abgehen oder ihre Arbeit kündigen und sich ein Baby zulegen. Das soll nicht heißen, daß Kindererziehung eine leichte Aufgabe ist, aber das ist dem jungen Mädchen beileibe nicht klar. Sie meint, sich ins gemachte Nest gesetzt zu haben, und übersieht dabei, daß ihr jugendlicher Gatte – ohne Berufserfahrung und meilenweit von seinem Berufsziel entfernt – vermutlich zu unreif ist, um seinen Pflichten als Ehemann und Vater gerecht zu werden. Statt dessen lungert er lieber mit seinen Freunden an der Ecke herum. Er hat noch eine Menge Nachholbedarf und jugendlichen Übermut, und den lebt er lieber im angeheiterten Kreis

seiner Freunde aus, als an der Seite seiner jungen Frau. Sie dagegen bleibt in ihrer kleinen Wohnung allein, vielleicht noch zusätzlich durch einen Säugling ans Haus gefesselt. Wen wundert es unter diesen Umständen, wenn die Scheidungsrate von Jungehen groß ist.

Die jungen Mädchen, die sich nahtlos aus der Abhängigkeit ihrer Eltern in die Abhängigkeit ihres Mannes begeben, erleben vielleicht nie die Genugtuung, eigenes Geld zu verdienen und sich eine Wohnung und einen eigenen Wagen zu leisten. Sie können auch nicht so freizügig wie ihre ungebundenen Freundinnen reisen und interessante Bekanntschaften schließen. Und so viel Spaß haben sie auch nicht.

Genau besehen heiraten diese jungen Mädchen aus Angst, weil sie sich nicht zutrauen, das Leben allein zu meistern. Sie schließen sich Männern an, die sie für stark halten und von denen sie glauben, sich an sie anlehnen zu können. Dagegen wäre nichts einzuwenden. Sie tun es jedoch nicht, um - das gute Beispiel vor Augen - an Reife und Fähigkeiten zuzunehmen, sondern um jede Entwicklung zu verhindern. Nicht selten streifen sie dann mit Dreißig die Fesseln ab und versuchen, die Vergnügungen nachzuholen, die sie in ihrer Jugend vermißten. Dazu gehören Ausgehen mit verschiedenen Verehrern, Partys, Reisen und die Begegnung mit interessanten Menschen am Arbeitsplatz. Und dann meldet sich häufig der Wunsch, eine Ausbildung abzuschließen.

Jungen Leuten, die heiraten wollen, ehe sie etwas vom Leben hatten, kann ich nur raten, die Beine in die Hand zu nehmen. Eines Tages werden sie dankbar sein, sich nicht so früh gebunden zu haben. Wenn sie Mitte Zwanzig etwas älter und reifer geworden sind, sind sie besser für eine erfüllte und glückliche Ehe gerüstet.

Die fatale Konsequenz einer zu frühen Eheschließung, weil man die kindliche Anlehnung an einen Stärkeren nicht aufgeben will, ist, daß man selbst nicht stark werden kann, wenn man sich immer von einem anderen stützen läßt. Je mehr man sich auf die eigenen Füße stellt, desto sicherer wird man. Durch Selbermachen wird man klug, lernt aus den eigenen Fehlern und versucht es nach einem Fehlschlag eben aufs neue. Nach ein paar Jahren des Experimentierens traut man sich und den eigenen Entscheidungen viel mehr zu. Wenn Sie es sich dagegen hinter dem Ofen bequem machen und dem Partner alle Entscheidungen überlassen, dann wird sein Selbstvertrauen wachsen, während Ihres immer mehr abnimmt.

Aus gekränkter Eitelkeit

Wer sich stehenden Fußes der nächsten Liebe in die Arme wirft, weil er eben von einer Liebe fallengelassen wurde, tut dies aus zwei neurotischen Gründen. Wenn Sie sich plötzlich in einer 2. Ehe finden, dann wollten Sie es der Person zeigen, die Sie zurückgewiesen hat, und außerdem sich selbst beweisen, daß Sie noch begehrenswert sind, weil ein anderer Sie haben will. Nichts anderes zählte.

Die aus gekränkter Eitelkeit geschlossenen Ehen, die ich beobachten konnte, gingen nur selten gut. Über ihnen hängt eine dunkle Wolke der Zweifel am eigenen Liebeswert und des Kummers wegen der Zurückweisung. Sofern unter einem solchen Unstern geschlossene Ehen funktionieren, verdanken sie es dem glücklichen Zufall und nicht der Planung.

Besonders betrüblich finde ich die Unaufrichtigkeit dem unschuldigen Opfer gegenüber. Er oder sie bekam vorgemacht, die alte Affäre sei überwunden und vergessen und die neue Liebe sei etwas ganz eigenes. Was nicht zutrifft, wenn die Braut mit Rachegedanken und Trotz zum Altar schreitet. Der neue Partner ist nur Mittel zum Zweck, und es würde ihn schwer verletzen, wenn er es ahnte.

Sollten Sie merken, daß Sie sich verlieben, nachdem Sie gerade Liebeskummer hatten, betrachten Sie das neue Gefühl skeptisch. Die Chancen stehen gut, daß es eine Trotzreaktion und neurotisch motiviert ist. Lassen Sie sich Zeit, um die vorige Liebe zu verarbeiten. Wenn Sie ruhig darüber reden können, ohne sich zu erregen oder in Tränen auszubrechen, wenn Ihre Gedanken nicht mehr oft um die frühere Liebe kreisen, wenn Sie sich mit Vergnügen neuen Tätigkeiten und Menschen widmen und wenn vor allem eine Begegnung mit der alten Flamme nicht anders verläuft, als träfen Sie einen guten Freund, dann sind Sie für eine neue ernste Bindung bis hin zur Ehe bereit.

Aus Angst, den anderen zu verletzen

Erst durch meine Praxis als Psychotherapeut erfuhr ich, daß eine Reihe von Leutchen heiraten, obgleich sie innerlich alles dazu drängt, Schluß zu machen. Sie machen mit, weil sie sonst gewaltige Schuldgefühle hätten, wenn sie den Partner oder die Partnerin verletzen müßten.

»Ich hätte Oskar niemals heiraten dürfen«, gestand Marianne mir bei einer Sitzung. »Ich habe ein paar Mal versucht, Schluß zu machen, schaffte es aber nicht.«

»Warum nicht?« erkundigte ich mich.

»Oskar nahm es sich so zu Herzen, daß er tatsächlich krank wurde. Manchmal hat er geweint. Und als ich einmal wild entschlossen war, unsere Beziehung abzubrechen, sagte er mir, er könne nicht ohne mich leben und würde sich umbringen, wenn ich ihn nicht heiratete. Was hätte ich tun sollen?«

»Sie hätten ehrlich sein und Schluß machen können. Und damit hätten Sie ihm die Verantwortung für seine Zukunft in seinen Schoß gelegt, wo sie auch hingehört.«

Sehr aufgewühlt fragte sie: »Aber wie hätte ich mit dem Vorwurf leben können, an seinem Tod schuld zu sein?«

»Mit der Erkenntnis, daß das nicht stimmt. Selbst wenn Sie gewollt hätten, wären Sie nicht in der Lage, ihn in den Selbstmord zu treiben. Um noch einen Schritt weiterzugehen: Es lag auch nicht an Ihnen, daß er sich über Ihre Zurückweisung so aufgeregt hat. Das hat er allein getan, nicht Sie. Er hat sich in Aufregung versetzt, und zwar nicht wegen Ihrer Absicht, ihn zu verlassen, sondern wegen dem, was er daraus gemacht hat. Wenn sich Leute aufregen, dann tun sie es immer selbst. Es ist niemals richtig und gerechtfertigt, andere für das eigegne neurotische Verhalten verantwortlich zu machen.«

»Darüber muß ich erst nachdenken. Es klingt vernünftig und paßt mir in den Kram. Was hätte ich ihm also vor Jahren klarmachen sollen und was soll ich ihm heute sagen, wenn er mir ein schlechtes Gewissen einredet?«

»Sagen Sie ihm, daß es Ihnen leid tut, wenn er sich über Ihr Verhalten aufregt, Sie aber nicht vorhätten, es nur deshalb zu ändern, weil er sich aufregt. Wenn er die Störung seines Gleichgewichts überwinden will, liegt es an ihm, seine ungesunde Denkweise in eine gesunde zu wandeln. Und wenn er das allein nicht schafft, stehen ihm Psychotherapeuten zur Verfügung. Wenn er dazu nicht bereit ist, soll er sich ein gutes Buch über das Thema besorgen.«

Den gleichen Rat dürfen auch Sie beherzigen. Wenn Sie sich leicht durch andere Menschen manipulieren lassen, weil die Ihnen Schuldgefühle einflüstern, dann sollten Sie sich mit den Prinzipien der neuen Psychologie befassen. Sie werden mit Staunen feststellen, wie Sie sich jahrelang haben irreführen und zum Narren halten lassen, weil andere Ihnen ihren Willen durch emotionale Erpressung aufgezwungen haben. Machen Sie sich davon frei.

Weil man verliebt oder intim war

Volksweisheiten können sich leicht in Volksdummheiten verkehren. Ich denke noch an ein süßes, junges Ding, das nach der 2. Scheidung schon wieder heiraten wollte. Es stellte sich heraus, daß das nicht aus Liebe, sondern wegen der Liebe geschah. Wenn sie nämlich ihr Herz vibrieren spürte, meinte sie, den Burschen auch heiraten zu müssen. Denn eine Liebe müsse in einer Ehe münden.

Es spielte für sie keine Rolle, daß sie ihre Männer nicht besonders gut kannte und offensichtlich unvereinbare Gegensätze nicht bemerkte und daß sie sich mit der gleichen Leichtigkeit in andere Männer hätte verlieben können, wenn es sich so ergeben hätte. Sie hörte auf ihr Herz und die Lehrsätze der Kindheit, wonach Liebe und Ehe eben zusammengehörten. Nun wollte sie es also zum dritten Mal versuchen.

Eine Variation dieses Themas in manchen Gegenden der Welt, wenn auch weniger für unsere jungen Frauen, ist, daß ein Mädchen den Mann heiraten müsse, mit dem sie geschlafen hat. Sonst müsse sie als promisk gelten. Diese Volksweisheit ist zum Glück im Schwinden.

Um einem unglücklichen Zuhause zu entkommen

Wenn ein Teenager seit Jahren angebrüllt wird, wenn die Mutter eine Hexe ist oder der Vater ein Säufer, dann kann man gut verstehen, warum das Kind auf dem schnellsten Weg von zu Hause weg will. Jungen wählen dann eher das Militär oder trampen in die Ferne. Sobald sie volljährig sind, kehren sie dem traurigen und manchmal verrückten Elternhaus den Rücken. Häufig suchen sie sich auch einen Job und einen Menschen, der ihnen die Liebe schenkt, die sie daheim missen mußten.

Mädchen neigen mehr dazu, sich aus dem unangenehmen Elternhaus in eine Ehe zu flüchten. Durch die Welt zu reisen ist nicht ungefährlich, und so scheint es am einfachsten, sich einem Jungen anzuschließen, der sie liebt und verspricht, ihr ein besseres Leben zu bieten. Manchmal liebt sie ihn sogar, aber das ist nicht erforderlich. Sie will eigentlich nur von den Schrekken ihrer unmöglichen Eltern erlöst werden.

Warum nicht? Was hat sie schon zu verlieren? Vielleicht doch eine Menge. Wenn sie Glück hat und an den Richtigen kommt, können ihre Schwierigkeiten vorüber sein. Wahrscheinlich aber kommt sie vom Regen in die Traufe. Wer verzweifelt nach einem Ausweg sucht, kann nicht wählerisch sein. Sie wollen um jeden Preis gerettet werden und müssen dafür unter Umständen wirklich jeden Preis bezahlen. Sie meinen, die Liebe müsse noch kommen und der Partner oder die Partnerin werde sich schon bessern, wenn ihnen genügend Liebe erwiesen wird. Sie hoffen, die Lage werde sich zum Guten wenden, denn schlimmer kann sie schon nicht mehr werden.

Es wäre vernünftig, in dem ungeliebten Elternhaus nur so lange auszuharren, bis man auf eigenen Beinen stehen kann. Wahrscheinlich ist eine Jugendliche zu empfindlich, zu durcheinander und unreif, zu zornig und verbittert, um für irgendeinen eine gute Partnerin abzugeben.

Wenn Sie schon jahrelang neurotische Eltern aushalten mußten, sollten Sie jetzt allein Ruhe und Frieden suchen. Lassen Sie sich die Zeit, sich von den vergangenen Schrecken zu erholen, und dann erst denken Sie an eine Bindung, falls Ihnen danach ist.

Vernünftige Gründe für eine Heirat

Ihre Chancen, eine gute Ehe zu führen, hängen davon ab, inwieweit Sie sich von einem oder mehreren neurotischen Gründen wie vorstehend ausgeführt haben leiten lassen, oder ob Sie aus einem oder mehreren der folgenden Motive Ihren Partner gewählt haben.

Freundschaft und Geselligkeit

Ein Partner oder eine Partnerin muß vor allen Dingen der Mensch sein, dessen Gegenwart Sie am meisten und immer wieder genießen. Der Ehepartner sollte also ein wirklich guter Freund und Kumpel sein, der viele Interessen mit einem teilt. In den Zeiten, in denen Sie nicht miteinander schlafen, das Geld verdienen oder den Haushalt machen, muß Ihr Zusammensein beiden Teilen etwas bringen.

Einem abgewandelten amerikanischen Sprichwort zufolge bleibt das Paar zusammen, das zusammen Tennis spielt. Statt dessen könnte man wandern oder skifahren oder Bridge spielen oder Theater besuchen einfügen. Damit soll nur ausgedrückt werden, daß das Paar mit vielen gemeinsamen Interessen eine breite Basis für Zufriedenheit hat.

Die Paare dagegen, die sich nur selten für das gleiche begeistern können und nicht viel gemeinsam betreiben, werden miteinander Schwierigkeiten bekommen, ebenso wie sich jemand, der sich zum Malen berufen fühlt, in einer Anwaltskanzlei nicht wohl fühlen kann.

Meiner Meinung nach ist es für Ehepartner ungeheuer wichtig, gern zusammen zu sein und als Freunde die gleichen Ziele und Ambitionen zu verfolgen. Das sollten sich die Romantiker vor Augen führen, die Liebe mit Freundschaft verwechseln.

Der Romantiker im negativen Sinn liebt sein Mädchen aus nur vage zu definierenden Gründen. Möglicherweise leistet sie einigen seiner neurotischen Wünsche Vorschub und wird deshalb von ihm bewundert. Er will sie immer in seiner Nähe haben. Was aber nicht heißen muß, daß sie für ihn eine Freundin und ein guter Umgang ist. Darüber hat er nicht nachgedacht.

Um festzustellen, ob Sie die Gesellschaft Ihres Partners genießen, sollten Sie beobachten, wie Sie sich in seiner Abwesenheit fühlen. Vermissen Sie ihre Kochkünste, sein handwerkliches Geschick, Sex oder die Gefälligkeiten, die er oder sie Ihnen sonst erweist? Dann fehlt Ihnen nicht die Gesellschaft Ihres Partners, denn für all die Dienstleistungen könnten Sie jemand anstellen.
Wenn Sie beide zum Essen ausgehen und sich während der ganzen Zeit etwas zu sagen haben, dann ist das ein gutes Zeichen, daß Sie sich in der Gesellschaft des anderen wohl fühlen.
Wenn Sie beide einen längeren Ausflug im Wagen unternehmen und die meiste Zeit Schweigen herrscht, ist zu bezweifeln, daß Sie sich als enge Freunde betrachten.
Kurzum, wenn Sie sich nicht gern gemeinsam die Zeit vertreiben können ohne Aktivitäten wie ins Bett gehen, an einem Projekt arbeiten oder Gäste haben, dann ist es mit Ihrer Freundschaft nicht weit her. Wer den Ehepartner als guten Freund schätzt und gern mag, der hat bestimmt eine glückliche Hand bei der Partnerwahl gehabt. Völlig unabhängig davon, wie gutaussehend oder wohlhabend oder rücksichtsvoll oder sonstwas er oder sie ist. Wenn alle besonderen Qualitäten nicht dazu beitragen, die Gesellschaft des anderen zu wünschen, vergessen Sie sie oder ihn.

Ein sicheres und bequemes Sexualleben

Machen wir uns nichts vor, Männer und Frauen heiraten, weil sie dann ihre sexuellen Bedürfnisse besser befriedigen können, als wenn sie allein sind.
Sie mögen nun einwenden, daß man wegen eines geregelten Geschlechtsverkehrs nicht verheiratet zu sein braucht. Das habe ich auch nicht behauptet. Aber wenn Sex relativ sicher und bequem sein soll, ist es auf jeden Fall besser, verheiratet zu sein oder zusammenzuwohnen. Während sich ein zusammenlebendes Pärchen nur aneinanderzukuscheln braucht, um das Vorspiel einzuleiten, muß ein Single einiges an Planung und Taktik aufwenden, um zum gleichen Ziel zu gelangen.
Sex im Ehebett birgt nicht nur weniger Krankheitsrisiko in sich,

sondern führt auch zu weit weniger Schwierigkeiten im Fall einer unerwünschten Schwangerschaft. Unverheiratete stellt das vor ein Bündel unangenehmer Entscheidungen, wie das Mädchen heiraten, sich vom derzeitigen Partner scheiden lassen, abtreiben, beide Ehen zerstören, das Kind bekommen und allein aufziehen, das Kind zur Adoption freigeben, dem Mann das Kind unterschieben oder gestehen, daß es nicht seines ist, und so weiter.

Ein mit oder ohne Trauschein zusammenlebendes Paar muß nur entscheiden, ob es das Kind will oder nicht, und entsprechend handeln. Das nenne ich vergleichsweise bequem.

Um Kinder zu bekommen und großzuziehen

Es gibt einige Experimente der Kindererziehung, von denen manche ohne viel Mitwirkung der natürlichen Eltern auskommen wollen. In China ist das von Staats wegen versucht worden und in Israel im Kibbuz. Es mag einige Vorteile haben, die Rolle der Eltern zu beschneiden, aber die Kinder haben kein überzeugendes Beispiel geliefert, außer bei Problemeltern.

Die meisten Paare wünschen sich Kinder und wollen sie auch selbst großziehen. Wenn die Eltern diese Aufgabe gut erfüllen, ist es für sie ebensoviel Freude und Genugtuung wie für die Kinder solcher Eltern. Die gemeinsame Entwicklung in der Familie hinterläßt viele bleibende und kostbare Erinnerungen, eine Erfahrung, die sich zunehmend auch die jungen Väter verschaffen. Ein Kuß oder ein Lob der Eltern oder Bezugsperson kann dem Kind mehr Geborgenheit vermitteln als die Schule oder ein Internat oder ein Haufen wohlmeinender Freunde und Freundinnen. Die Tatsache, daß sich ein Elternpaar um die Familie kümmert, ist für Kinder und Erwachsene beruhigend.

Wenn heute mehr Paare keine Kinder wollen, finde ich das insofern positiv, als dann überwiegend nur die Paare Kinder bekommen, die sie sich wünschen und etwas mit ihnen anfangen können. Das dezimiert die Zahl der unerwünschten Kinder, die als Last empfunden werden.

Um einen bestimmten Lebensstil zu erreichen

Unsere Gesellschaft begünstigt Ehepaare. Ob bei Einladungen oder Reisen, Sie haben als Paar bessere Chancen denn als Single. Ein Paar wird leichter in das gesellige Leben der Gemeinde integriert als Alleinstehende. Die ganze Gesellschaftsform ist darauf eingerichtet. Besonders Frauen haben es da leichter, wenn sie verheiratet sind.

Judy wünschte sich immer, zur tonangebenden Clique in ihrer Kleinstadt zu gehören. Sie war intelligent, gebildet und gern mit anregenden Menschen zusammen. Aber sie besaß weder das Geld noch den Ehrgeiz für einen höheren Studienabschluß, der ihr Eintritt in die gehobenen Kreise verschafft hätte. Sie hatte ein Faible für kultivierte und wohlerzogene Leute im lässigen Tweed, die sich zu Theaterbesuchen oder Cocktails trafen.

Wie anders konnte Judy ihr Wunschziel erreichen, als durch eine Ehe. Also heiratete sie, aber nicht irgendeinen Mann. Sie erwählte den Dekan des Colleges. Mit einem Schlag konnte sie an dem Lebensstil teilnehmen, von dem sie geträumt hatte.

Clever? Natürlich war sie das. Sie wußte, was sie wollte, und gab sich nicht mit weniger zufrieden. Natürlich halfen dabei ihr Charme und ihre Attraktivität. Aber da sie wildentschlossen war, daß nur so ein Lebensstil für sie in Frage kam, erreichte sie ihr Ziel. Sie hatte zuvor einen Bauingenieur kennengelernt, der sie heiraten wollte. Er besaß Geld, ein Flugzeug und eine Villa, aber eben keinen Professorentitel und keine Position in der Collegehierarchie. Sie konnte ihn gut leiden und hielt ihn für gutaussehend und intelligent, aber mit ihm konnte sie nicht über die kulturellen und akademischen Themen reden, an denen sie interessiert war. Einladungen in seiner Begleitung brachten sie mit Leuten zusammen, die Alkohol pur tranken und über Geschäfte sprachen. Sie vermißte die feine Art, wo Gäste an ihrem Tee oder ihrem Wein nippten und sich gedämpft über eine Buchkritik oder eine Ausstellung unterhielten. Darauf kam es ihr an. Judy hätte sich in alle möglichen, mehr oder weniger passenden

Männer verlieben können, aber sie ließ sich von ihrer Vorstellung eines kultivierten Lebens nicht abbringen. Bravo, Judy!

Kinderehen sollte man verbieten

Es kann wohl kein Zweifel bestehen, wie vehement ich gegen die Heirat Jugendlicher bin. Die meisten werden aus neurotischen Gründen geschlossen. Die jungen Leute stehen noch im Charakter-Entwicklungsstadium und werden vermutlich einige Jahre später ganz andere Menschen sein als zum Zeitpunkt der Ehe. Sie laden sich die vielschichtige Verantwortung der Ehe auf, während sie die Jugendzeit besser frei und vergnügt verbringen sollten. Und alles im Namen der Liebe. Man könnte weinen.

Wenn sie dann in meiner Beratung landen, bedauert die Mehrzahl zwei Dinge am meisten.

Es tut ihnen leid, nicht eine qualifiziertere Ausbildung zu haben. Sie erfahren schnell, daß die besser ausgebildeten Gleichaltrigen im großen ganzen mehr Sicherheit erleben, interessantere Tätigkeiten ausüben und früher oder später über mehr Geld und Macht verfügen. Wer in der Jugend Lernen für überflüssig hielt, wird dieses Manko ein Leben lang bedauern.

Noch öfter höre ich, wie leid es ihnen tut, sich so jung gebunden zu haben. Nicht selten erreichen mich Notrufe von deprimierten Patienten oder Patientinnen kurz vor dem Selbstmord, die durchdrehen, weil sie arm sind, zu früh zu viele Kinder bekamen oder mit unreifen, selbstsüchtigen und manchmal gewalttätigen Partnern verheiratet sind. Sie haben am eigenen Leib erfahren, daß die Kehrseite der Liebe die Ehe sein kann.

Natürlich verschließen sie die Ohren vor dem dringenden Rat, mit der Heirat noch zu warten. Die Liebe ist nie blinder als bei Jugendlichen. Sie wissen so wenig und halten sich für so gescheit. Sie ignorieren die Tatsache, daß die Scheidungsquote umgekehrt proportional zum Alter der Eheschließenden ist. Deshalb würde ich, wenn ich die Macht hätte, eine Eheschließung unter 25 gesetzlich verbieten. Klingt das lächerlich?

Wir haben doch auch eine Altersbegrenzung für Autofahren, Alkoholkonsum und Wählen sowie eine Reihe anderer Tätigkeiten. Auf diesen Gebieten finden wir es absurd, wenn beispielsweise ein Dreizehnjähriger sich einen Scotch bestellt und dann mit 150 Sachen über die Autobahn rast. Wir wissen doch alle, daß bestimmte Dinge unter einem gewissen Alter nicht vernünftig oder nicht sicher gehandhabt werden können.
Aber was soll der schwangere Teenager machen? Das ist der Haken. Deshalb kann ein solches Gesetz nicht funktionieren. Aber wenn ein Verbot eine Chance hätte, würde ich dafür plädieren. Wenn sich die Leute eine realistischere Einstellung zu Liebe und Ehe angewöhnt haben, sieht es vielleicht anders aus. Deshalb lege ich meine Erfahrungen in diesem Buch nieder. Wenn es dazu beitragen würde, daß die jungen Leute ihre Heirat wenigstens ein Jahr hinauszögern, wäre ich schon zufrieden.

Menschen, die aus den aufgezählten irrationalen und neurotischen Gründen heiraten, leiden unter emotionalen Störungen und sollten sich einer Diagnose und Behandlung unterziehen. Ich nenne es *Liebesneurose* und meine damit Leute, die sich selbstzerstörerisch und irrational verhalten und vor Liebe so blind sind, daß man für Ihre Zukunft keinen Heller geben würde.
Für unsere Gesellschaft wäre es jedenfalls viel gesünder, wenn die Eheschließung drastisch erschwert und die Scheidung etwas erleichtert würde.

Woran Ehen kranken

Während der vergangenen 1 1/2 Jahre führte ich Buch über die in meine Eheberatung gekommenen Paare. Beim ersten Gespräch erkundigte ich mich bei einem oder beiden, was ihnen am meisten Kummer bereite. Anfänglich hatte ich 35 verschiedene Klagen, doch bei näherem Hinsehen ähnelten sich einige sehr, so daß ich auf 7 Hauptpunkte kam, an denen Ehen kränkeln. Im folgenden werden wir die einzelnen Beschwerden, die Eheleute frustrieren, in der Reihenfolge ihrer Häufigkeit untersuchen. Es sind:

- gereiztes und bevormundendes Verhalten,
- Zurückweisungen und Eifersucht,
- Passivität und Unselbständigkeit,
- unterschiedliche sexuelle Wünsche,
- Freundschaft und Geselligkeit,
- Familienkonflikte,
- neurotisches Verhalten.

Gereiztes und bevormundendes Verhalten

Es wunderte mich keineswegs, daß ärgerliches Aufbrausen und gereiztes Benehmen oft als Störfaktor im menschlichen Beisammensein genannt wurden. Sich zu ärgern – und es an anderen auszulassen –, ist eine weitverbreitete emotionale Fehlhaltung, und wie bereits durch das rückbezügliche Verb ausgedrückt sind nicht die anderen schuld, sondern man ärgert *sich selbst* und regt *sich selbst* auf.

Viele Frauen klagten über die verärgerte und dominierende Art ihrer Männer. Woran liegt sie? Zum einen, weil der Mann

meint, er wäre der »King«, nur weil er ein Mann ist. Schließlich galt er jahrhundertelang als der Größte.
Das Neue an der Sache ist, daß Frauen sich Unterdrückung nicht länger gefallen lassen. In ihrem Gefühl der Gleichberechtigung empört sie eine ungerechte und feindselige Behandlung. Sie treten also für ihre Rechte ein und bringen damit die Männer auf die Palme. Würden sie die alte Ordnung nicht ankratzen, sondern sie weiterhin akzeptieren, dann hätte ich auch nicht so viele Beschwerden zorniger und verunsicherter Männer erhalten, die von den Emanzipationsbestrebungen ihrer Angetrauten frustriert waren.
Wird ein Mann von seiner Frau gebeten, ihr beim Abendessen zu helfen, nachdem sie beide von der Arbeit heimgekommen sind, wie soll sich dann ein richtiger, »normaler« Mann verhalten? Ihr ruhig und friedlich zur Hand gehen? Nie im Leben! Das ist keine Männerarbeit. Ergo tobt er, nur weil sie die Frechheit hatte, so etwas von ihm zu verlangen. Es ist noch nicht lange her, da wäre sie nach einem vollen Arbeitstag im Büro heimgekehrt, hätte das Abendessen gekocht, anschließend abgewaschen und auch noch eine Waschmaschine durchlaufen lassen. Ohne Widerspruch.
Ich hoffe, die Frauen lassen sich von ihren ärgerlichen Gatten nicht einschüchtern. Wir Männer sind auch anständige Menschen, die sich mit der Zeit an die neuen Anforderungen gewöhnen und lernen werden, mit den Frauen auszukommen und sie zu lieben, auch wenn sie nicht auf unser Kommando springen.
Ein Brief einer ehemaligen Patientin illustriert, wie das Leben manchmal spielt, wenn eine Frau sich nicht mehr als Fußabstreifer mißbrauchen läßt, sondern sich auf die Hinterbeine stellt.

Lieber Dr. Hauck,
erinnern Sie sich an mich? Ich war die in Ihrer Therapiegruppe mit der längsten Leitung, als ich versucht habe, gegen die dominierende Art meines Mannes anzugehen. Ich halte mich wacker, obgleich er sich das Herumbrüllen und Kommandie-

ren noch nicht abgewöhnt hat. Aber für mich ist das nur noch heiße Luft. Ihre Ratschläge beginnen zu wirken.
Er schreit herum, aber nicht lange, und ich habe keine Angst mehr und werde nicht nervös. Ich habe so viel dazugelernt. Ich bedaure nur, nicht schon früher in die Beratung gegangen zu sein.
Nach jeder Sitzung bei Ihnen notierte ich mir zu Hause Ihre Bemerkungen. Von Zeit zu Zeit lese ich sie durch, und das hilft. Ich bin immer noch ein bißchen deprimiert, aber dann mache ich Gedankentraining. Ich lese viel und mit Vergnügen, was mir während meiner Depression nicht gelang. Im letzten Jahr hatte ich mich nicht einmal mehr auf die Zeitung konzentrieren können.

Wer von Ihnen, Männlein wie Weiblein, einem gereizten und bevormundenden Partner das Handwerk legen will, muß sich am Anfang auf ein ziemliches Theater gefaßt machen. Sie werden Ihr festes Auftreten nicht widerspruchslos schlucken. Zuerst werden Sie angebrüllt und beschuldigt, dann eingeschüchtert. Und wenn Sie dann noch nicht klein beigeben, drohen Ihnen die Partner mit Trennung, Scheidung oder einem Seitensprung. Das letzte Stadium wird am unangenehmsten, wenn es zu Handgreiflichkeiten oder gar Selbstmorddrohungen kommen mag.
Wenn Sie gleichberechtigt werden wollen, werden Sie eine Menge Druck aushalten müssen, ehe Ihr Partner zur Vernunft kommt. Während die Auseinandersetzung tobt, müssen Sie sich auf alle möglichen Winkelzüge gefaßt machen, die Sie zum Nachgeben zwingen sollen. Bleiben Sie hart! Der Partner wird Sie sicher nicht respektieren, wenn Sie sich als Fußabstreifer mißbrauchen lassen, und ohne Respekt ist es auch mit der Liebe nicht mehr weit her.
Ihre Ehe steht auf dem Spiel, aber durch Festigkeit können Sie sie vielleicht retten. Wenn Sie wie ein verängstigtes Kaninchen kuschen, ist das auch keine Garantie für den Fortbestand der Ehe, aber Sie machen sich damit so unglücklich, daß es Ihnen in absehbarer Zeit egal sein wird, ob diese Ehe fortbesteht. Dann

werden Sie sich um eine Scheidung bemühen, weil Sie zugelassen haben, daß Ihr Partner Sie so unglücklich gemacht hat. Ihre Rechte durchzusetzen wird Ihnen leichter fallen, wenn Sie sich vergegenwärtigen, daß Sie die Ehe wegen bestimmter Vorteile geschlossen haben und daß Sie wie bei einem Geschäftsarrangement mit Recht auf ein Einhalten von Versprechungen pochen können. Sie genieren sich doch auch nicht, eine Gehaltserhöhung, Urlaub und gute Arbeitsbedingungen in Ihrem Job zu verlangen. Wie kommen Sie dann dazu, in Ihrem Privatleben in der Ehe Demütigungen und Ungerechtigkeiten hinzunehmen? Die Ehe ist ein Geschäftsunternehmen, und wenn Sie sie nicht wie ein solches betreiben, sind vielleicht die anderen zufrieden, während Sie sich immer unglücklicher machen.

Zurückweisungen und Eifersucht

Eine andere in der Ehe häufige Frustration dreht sich um Liebe und Gegenliebe, Eifersucht, alte Flammen und das Gefühl, zurückgewiesen zu werden. In diese Rubrik gehört auch die Tendenz zur Untreue. Einige Patienten erklärten, zu jung geheiratet und ein großes Verlangen nach Liebesaffären zu haben. Als eine Folge von zu frühen Ehen konnten sich einige Paare nicht mehr lieben, weil sie unvereinbare Gegensätze auf der Gefühlsebene und bei der Lebenseinstellung erkannt hatten. Diese Partner hätten gar nicht erst heiraten dürfen, aber sie waren zu verblendet, um sich damals darüber irgendwelche Gedanken zu machen.
Ein paar meiner Patienten litten unter Zurückweisung, weil sie anscheinend aus gekränkter Eitelkeit geheiratet worden waren und die Partner ihre alte Liebe nicht vergessen konnten. Einige Frauen fühlten sich schon so lange von ihren Männern zurückgewiesen, daß sie gar nicht mehr an eine liebevolle Beziehung zu ihnen dachten. Sie strebten eine Scheidung an. 2 Patientinnen gaben an, ihre Partner nie geliebt, sondern aus finanziellen Gründen geheiratet zu haben. Leider erwiesen sich die Partner als wenig ehrgeizig und verloren so die Achtung ihrer Frauen.

Von einem Klienten hörte ich die Klage, seine Ehe sei schlicht langweilig und mache keinen Spaß. Er hatte nicht damit gerechnet, wieviel Zeit und zusätzliche Arbeit ihn die ehelichen Verpflichtungen kosten, und daß er sogar auf seinen Urlaub verzichten mußte, um die Extraausgaben für das Baby zu finanzieren. Diese und ähnliche Erfahrungen raubten ihm alle Illusionen. Das Familienleben erfordert harte Arbeit auf vielen Gebieten und ist kein Kinderspiel.

Wenn man sich bemüht, damit sich der Partner oder die Partnerin geliebt fühlt, kann man ganz schön hereinfallen. Gerade wenn man sich als Mustergatte vorkommt, bekommt man eins auf die Ohren.

> Peter konnte ein Lied davon singen. Er bekochte Edeltraud, wenn sie sich nicht wohl fühlte, machte regelmäßig sauber und kümmerte sich um die Kinder. Trotzdem war sie unzufrieden und kam sich ungeliebt vor. Ich muß zugeben, daß mich das genau so verblüffte wie Peter.
>
> Mit Tränen kämpfend erklärte sie: »Ich bin zu Hause immer kritisiert worden und konnte es meinen Eltern nie recht machen. Wenn etwas schiefging, fielen sie über mich her, ehe ich die Sache erklären konnte. Niemals, aber auch nie haben sie sich hinter mich gestellt. Peter ist genauso. Er stellt sich bei einer Meinungsverschiedenheit immer auf die Seite meiner Familie, und dafür hasse ich ihn. Alle die netten Dinge, die er dauernd für mich tut, gelten nicht mehr, wenn er mich nicht verteidigt. Ich kann nichts dafür. Auch wenn ich im Unrecht bin, ich kann ehrlich nicht anders.«

Für Edeltraud hieß Liebe: Wenn ich dir etwas bedeute, mußt du für mich eintreten. Für sie bedeutete es nicht das gleiche wie für andere Frauen, die Blumen oder Geschirrwaschen oder Überwindung von Eifersucht als Liebesbeweise ansehen. Jeder Mensch kann nur für sich bestimmen, was ihm oder ihr wichtig ist. Sofern der Partner diese Bedürfnisse in den meisten Fällen erkennt und erfüllt, wird die Ehe gut funktionieren. Beobachten Sie den anderen also sorgfältig. Er sendet immer Signale aus, welche Dinge ihm wichtig sind.

Es kann sein, daß Sie von Ihrem Partner die ersehnten Liebesbeweise nicht erhalten, gleichgültig, wie Sie sich anstrengen. Das trifft besonders in den Fällen zu, wo der Partner einen von Anfang an nicht liebte und man sich der Illusion hingab, die eigene Liebe würde für beide reichen. Manchmal renkt es sich ein, es ist aber eine riskante Basis. So vernahm ich einmal von einem Patienten: »Sie hat mir gesagt, daß sie mich nicht liebt, aber ich habe es ihr nicht geglaubt. Ich hoffte, ich würde sie schon für mich einnehmen, aber der Funke ist nie übergesprungen.«

Kein Wunder. Er erkannte nicht, daß sie überhaupt Schwierigkeiten damit hatte, einen Mann zu lieben. Nicht daß sie lesbisch gewesen wäre. Sie mochte Männer aus unbewußten Gründen nicht, die bis in ihre Kindheit zurückreichten und die sie nie ausgelotet oder begriffen hatte. Ihre Ehe war von Anfang an ein hoffnungsloser Fall.

Eifersucht wurde von einigen Paaren als Störfaktor und als Grund für den Scheidungswunsch angeführt. Oft ging sie Hand in Hand mit anderen Klagen, doch viele eheliche Frustrationen hängen mit der Eifersucht zusammen.

Eine eifersüchtige Person neigt zu Depressionen und Minderwertigkeitsgefühlen und regt sich schon über den bloßen Gedanken auf, der Partner oder die Partnerin könne untreu werden. Eifersucht tritt nicht nur dann auf, wenn der Partner sich tatsächlich Seitensprünge erlaubt. Das mag zutreffen. Vielleicht haben Sie Hinweise gesehen, oder Sie wissen aus Erfahrung, daß ihm oder ihr ein solches Verhalten durchaus zuzutrauen ist. Es kann also sein, daß Ihre geschärfte Beobachtungsgabe Sie auf die Spur eines außerehelichen Liebesverhältnisses bringt.

Wenn er oder sie mit merkwürdigen Begründungen aus dem Haus geht oder schwache Entschuldigungen für spätes Heimkommen murmelt, gehen Sie vermutlich nicht fehl in der Annahme, daß da jemand ist. Die Verdachtsmomente werden größer, bis sich der Vorwurf entweder beweisen oder entkräftigen läßt.

Das aber ist nicht mit Eifersucht gemeint. Berechtigter Verdacht und Eifersucht sind zwei Paar Schuhe. Wenn Sie eifersüchtig sind, behaupten Sie, Ihr Partner oder Ihre Partnerin sei

Ihnen untreu (was zutreffen mag oder nicht), aber gleichzeitig auch, daß Sie wertlos sind, wenn er oder sie einen anderen bevorzugt. Und das ist Quatsch. Vom Partner nicht geliebt zu werden, beschneidet nicht Ihren Wert als Mensch. Sie sollten sich vor einer Zurückweisung genauso wichtig nehmen, wie danach. Nichts und niemand kann Ihren Selbstwert ankratzen außer Sie selbst.

Das Problem eines eifersüchtigen Menschen ist nicht, daß er oder sie dem Partner mißtraut. Gravierend ist, daß er oder sie sich selbst nichts zutraut. Was jedem eifersüchtigen Menschen schlagartig einleuchtet, sobald man es ihm erklärt.

Wenn Sie es für möglich halten, daß jeder Hinz und Kunz Sie sitzenläßt, dann mangelt es Ihnen offensichtlich an Selbstvertrauen. Wenn Sie die Selbstsicherheit hätten, sich begehrenswert, fähig und stark zu fühlen, käme Ihnen gar nicht der Gedanke, in die Knie gehen zu müssen, weil Ihnen vielleicht der oder die Geliebte abhanden kommt, so unangenehm das auch wäre.

Kurzum, wer eifersüchtig ist, gesteht damit einen Minderwertigkeitskomplex ein. Die Feststellung »Du liebst eine/n andere/n, da bin ich ganz sicher, und ich könnte diese Person und dich auch umbringen« bedeutet in Wirklichkeit »Ich bin ohne dich ein Nichts«. Und das ist Unsinn.

Wenn Ihr Partner Sie das nächste Mal ins Kreuzverhör nimmt, nur weil Sie 5 Minuten zu spät kommen, dann geben Sie überhaupt keine Erklärungen ab. Werden Sie nicht zornig, sondern entschuldigen Sie sich höflich, schauen Sie Ihrem Partner in die Augen, und sagen Sie: »Liebes, du machst dich schon wieder eifersüchtig. Ich dachte, du wolltest etwas gegen dieses Gefühl unternehmen. Du mußt sehr aufgeregt sein, wenn alles, was ich tue, für dich eine Bedrohung ist. Willst du nicht in eine professionelle Beratung gehen, Liebling?«

Lachen Sie nicht. Kennen Sie eine bessere Antwort für jemanden, der versucht, jede Minute Ihres Lebens, jedes Lächeln und jeden Blick zu kontrollieren? Ein solcher Mensch braucht Therapie und keine Beschwichtigungen. Sie helfen Ihrem Partner am besten, indem Sie dafür sorgen, daß er etwas gegen seine

Neurose tut. Nehmen Sie es nicht auf sich, den Hampelmann zu spielen, nur damit Ihr/e Liebste/r sich kurzfristig sicher fühlt. Damit handeln Sie sich allerdings Streit, Szenen und ausgedehnte Perioden der Zurückweisung ein. Geben Sie indessen klein bei, taucht das Problem bei der nächsten Gelegenheit verstärkt auf, wenn das Telefon läutet und sich niemand meldet.

Ihr Standpunkt muß unbeirrbar sein: »Wenn du, mein Liebling, dir so wenig Mühe mit dir gibst und deine Eifersucht nicht beherrschst, dann hast du Schwierigkeiten mit dir. Du kannst sie nicht auf mich abwälzen und so tun, als würde ich dich vernachlässigen.«

Passivität und Unselbständigkeit

Frauen können schwache Männer nicht ausstehen, die an ihren Schürzenzipfeln hängen, und Ehemänner schon gar nicht. Deshalb habe ich die Klage über Unselbständigkeit häufiger von Frauen als von Männern gehört.

Es scheint, daß Frauen ihre Schwierigkeiten und Kümmernisse einerseits mit herrschsüchtigen, bevormundenden und sturen Ehemännern haben, andererseits mit schwachen, kindischen und unselbständigen. Zugegebenermaßen haben es auch die Männer nicht leicht. Während sie den Mittelweg zwischen Festigkeit und Güte suchen, werden sie von ihren Frauen schnell angegriffen, wenn sie die Grenzen nach der einen oder anderen Seite überschreiten.

Eine Warnung an Paare mit Schwierigkeiten dieser Art: Wenn sie bei Ihnen auftreten, dann nur deshalb, weil Sie es zulassen. Manche Frauen verhätscheln und bemuttern ihre Männer gern, weil es ihnen ein Gefühl der Wichtigkeit und Macht verleiht. Unseligerweise nimmt das über kurz oder lang überhand. Während die Frauen gern fürsorglich sind, fühlen die Männer sich in der Kinderrolle pudelwohl und verlangen immer mehr Verhätschelung. Das weitet sich allmählich aus, bis alle Verantwortung bei ihr liegt. Nun ist es nicht mehr komisch, und die Frau wehrt sich, zu ihren kleinen Kindern noch ein großes zu haben. Sie merkt, daß sie bei jeder Kleinigkeit nach seiner Pfeife tanzen muß. Während sie auf vieles verzichtet, um ihn glücklich zu machen, badet er in ihren Liebesdiensten, als seien sie der ihm zustehende Tribut.

Ein solches Juwel von Gatte verschloß sich allen Vorhaltungen seiner Frau, auch wenn sie sehr deutlich wurde. Sollte er den Abfall hinaustragen, bummelte er so lange herum, bis sie es selbst tat, ehe der Mülleimer überquoll. Sie versuchte es mit anderen Mitteln und legte ihm beim Frühstück eine Mülltüte vor die Füße. Doch er lachte und schritt auf dem Weg zur Arbeit darüber hinweg. Nach unzähligen Enttäuschungen verließ sie ihn. Und Sie werden es nicht glauben - er war fassungslos.

Während viele Klienten sich über die Unzuverlässigkeit ihrer Partner beklagten, beschwerte sich die Hälfte davon, ihren Partnern in allem nachgeben und alle Launen befriedigen zu müssen, um sie bei Stimmung zu halten, immer wieder unter Selbstverleugnung. Sie mußten ihre Partner über die Maßen verwöhnen, damit sie glücklich waren. Wenn sie sich weigerten, gab es Theater. Wenn die Frauen ihren Kopf nicht durchsetzen konnten, warfen sie mit Geschirr, während die Männer ihre Wutanfälle häufig an der Familie ausließen. Wenn solche Zustände sich nicht ändern, ist die Trennung nur eine Frage der Zeit.

Mich hat schon immer fasziniert, warum schwache Menschen sich gern mit starken verbinden. Was will der Schulclown mit dem Mauerblümchen? Es müssen wohl die sprichwörtlichen Gegensätze sein, die sich anziehen. Wenn ein starker Mensch sich einen starken Ehepartner aussucht, fragt sich, wie lange er sich stark fühlt. Es läuft also darauf hinaus, daß der Starke meint, ein schwacher Gegenpart ließe ihn wichtiger und größer erscheinen. Wenn er niemand hat, dem er sich überlegen fühlen, den er beraten und führen kann, ist sein Wert in seinen Augen gesunken.

In der Rolle des Stärkeren können Männer wie Frauen sein, für die das gleiche Verhaltensmuster zutrifft. Bleiben wir in unserem Beispiel aber in der weitverbreiten Version des starken Mannes und der von ihm abhängigen Frau.

Solange er also den starken Mann unangefochten spielen kann, ist seine Welt in Ordnung. Entwickelt sich die Frau aber weiter und wird selbständiger, fühlt er sich angegriffen. Damit würde sich sein Leben grundlegend verändern, und das befürchtet er. Solange sie also nur ein bißchen mehr Aktivität zeigt, ist es kein Beinbruch. Kleine Schritte der Unabhängigkeit werden toleriert, solange sie ihn noch braucht. Sollten aber ihre Selbständigkeitsbestrebungen die Grenze erreichen, wo sie vielleicht ohne ihn zurechtkommt, ist die Suppe am Dampfen. Zuerst wird er ihren Entwicklungsprozeß beschneiden, damit sie ihm nicht über den Kopf wächst. Weder darf sie arbeiten noch in eine Schule oder Kurse gehen, geschweige denn mit ihren Freundinnen tanzen und anschließend etwas trinken. Es ist - in seinen Augen - ihre Aufgabe, zu Hause zu bleiben, auf die Kinder aufzupassen und ihm das aufregende Leben in seinem Job mit interessanten Begegnungen und Leuten nicht zu neiden.
Die Schwierigkeiten zwischen den beiden werden sich erst dann bessern, wenn der starke Mann seine Rolle nicht mehr so ernst nimmt und Schwäche als Gegenleistung für seine Liebe verlangt.

Unterschiedliche sexuelle Wünsche

Erstaunlicherweise waren es nur ungefähr 15% der Klienten in meiner Übersicht, für die Sex das gravierendste Problem ihrer Ehe war. Natürlich hatten noch viel mehr Paare sexuelle Schwierigkeiten, aber sie wurden nicht als Hauptanlaß genannt, als die Paare einzeln oder gemeinsam in meine Beratung kamen. Die Untreue habe ich in diesen Problemkomplex aufgenommen, wenn der Ehepartner wegen unbefriedigender oder ungenügender sexueller Beziehungen in die Arme einer oder eines anderen getrieben wurde.
Und das waren die Hauptklagen auf diesem Gebiet: Fast die Hälfte mehr Männer als Frauen beschwerten sich über zu wenig Sex. Während viele Frauen über die Untreue ihrer Männer

klagten, waren es nur 10% der Männer. Impotenz und Frigidität wurden von einer Minderheit ins Feld geführt. Das sind natürlich keine repräsentativen Prozentsätze.
Wenn ein Mann seine Erwartungen auf sexuellem Gebiet nicht erfüllt sieht, hat das oft damit zu tun, daß seine Frau sich auf vielen Gebieten ihres täglichen Lebens nicht gewürdigt, sondern zurückgewiesen fühlt. Sie kann sich einfach nicht abends hingeben, wenn, wie es eine erzürnte Klientin formulierte, »der alte Meckerkopf plötzlich seinen Charme spielen läßt«.
Ich habe nie begriffen, warum manche Männer nicht kapieren, daß für eine Frau Sex mehr ist als nur der Geschlechtsverkehr. Das ganze Gefühl für ihren Partner bestimmt beim Sex, ob sie mit Lust und Leidenschaft auf ihn reagiert. Deshalb können Frauen auch eine Nacht eine Sexbombe und die nächste ein Eisberg sein. Es hängt davon ab, was sie insgesamt für ihren Partner empfinden. Wenn ihr Zusammenleben in der Küche klappt, klappt es auch im Bett.
Anstatt ihre Frauen zu umwerben, damit sie mehr Zärtlichkeit empfinden, verhalten viele Männer sich artspezifisch und werden laut. Dabei könnten sie doch wissen, daß an den Haaren ins Schlafzimmer gezerrt zu werden keine Liebesgefühle weckt, was sie aber nicht daran hindert. Im Jähzorn bleibt kein vernünftiger Gedanke übrig.
Doch anstatt es mit Freundlichkeit zu versuchen, holen sie sich ihre Befriedigung lieber anderswo.
Eine Frau mag aus verschiedenen Gründen sexuell unzufrieden sein. Vielleicht ignoriert ihr Mann ihr Zärtlichkeitsbedürfnis aus Trotz, wegen eines unterentwickelten Sexualtriebs oder weil er andere Interessen im Kopf hat. Vielleicht kommt sie nicht zum Orgasmus, oder er ejakuliert vorzeitig. So wird sie in einen Dauerzustand der Frustration versetzt.
Nach monate- oder jahrelangen Verbesserungsversuchen wird die Frau dann einen anderen ausprobieren wollen, nicht weil sie von ihm geliebt werden will, sondern um ein für allemal dahinterzukommen, ob sie frigid oder sonst ein Versager ist. Kann ihr Liebhaber sie zum einfachen oder mehrfachen Orgasmus bringen, dann weiß sie, daß es an ihrem Mann liegt, entweder wegen

mangelhafter Techniken oder wegen der zwischen ihnen herrschenden Mißstimmung. Ohne den Seitensprung hätte sie nie erfahren, daß sie ein vollwertiger Partner ist. Damit will ich dem Seitensprung nicht Vorschub leisten, aber ich habe nicht selten erlebt, daß es sich so abspielt.
Eine Frau griff zum Mittel des Seitensprungs, um ihre zerrüttete Ehe zu retten. In einem Brief beschrieb sie, wie sehr sie an einer Weiterführung der Ehe interessiert war; aber sie konnte ihren Schutzpanzer nicht genügend öffnen, um ein herzliches Einvernehmen mit ihrem Mann herzustellen. Sie befand sich in einer emotionalen Zwickmühle.

Lieber Dr. Hauck,
bis vor einigen Wochen lief hier alles ganz gut. Dann ist etwas passiert, was ich nicht erklären kann, aber was zu einer Entfremdung zwischen Jack und mir geführt hat. Ich tue mir schwer, mich für ihn zu erwärmen oder gar mit Überzeugung zu sagen, daß ich ihn liebe.
Ich weiß nicht – ich fühle mich so leer. Ich möchte gern so zärtlich wie früher sein, aber etwas bremst mich. Vielleicht ist es die Sache mit dem gebrannten Kind, aber es steckt mehr dahinter. Jack hat sich so bemüht, es mir recht zu machen – aber trotzdem habe ich keine Lust auf ein Liebesleben. Ich will ihn wirklich nicht verlieren, aber ehrlich gesagt kann ich das merkwürdige Gefühl auch nicht unterdrücken, wenn er mich in die Arme nimmt. Es ist irgendwie krank.

Aus solchen Situationen entwickeln sich Liebesaffären. Und die wiederum machen eine vertrauensvolle Beziehung zwischen den Ehepartnern trotz aller Bemühungen fast unmöglich. Selbst eine Eheberatung nützt nicht mehr, wenn die Gefühle so am schwinden sind. Der nicht mehr geliebte Partner kann sich auf den Kopf stellen und wird trotzdem das schwergekränkte Herz seiner/s Liebsten nicht mehr erwärmen können.
Ich habe aber auch schon erlebt, daß der Eisberg aufgetaut wurde, doch das hat sehr viel Geduld erfordert und eine Menge Anstrengungen. So haben dann Charme und Zärtlichkeit den

trennungswilligen Partner erweicht, der Gemeinsamkeit noch eine Chance zu geben.
Erstaunliche Veränderungen vollziehen sich, wenn ein Partner endgültig von der Ehe die Schnauze voll hat. Ansonsten kindisch unselbständige, jammernde und weinerliche Frauen können sich über Nacht wandeln.
Ein Mann, der monatelang wegen seines Jähzorns bei mir in Behandlung war, legte diese Unart ganz plötzlich ab. Um seine Frau zu halten, konnte er sich zu Blumen, Gesprächen, Liebesschwüren und Zärtlichkeiten aufschwingen und seine scharfe Zunge und seine Wutanfälle fast völlig in Zaum halten. Das muß man erlebt haben, um es für möglich zu halten.

Freundschaft und Geselligkeit

Einander Gesellschaft leisten, zusammen etwas unternehmen, miteinander reden, miteinander etwas anfangen können, gern beisammen sein ist für eine gute Ehe sehr wichtig. Die am häufigsten gehörten Klagen sind: »Wir können nicht miteinander reden« und »Er arbeitet so viel, daß wir kaum Zeit füreinander haben«.
Bei jungen Paaren, die noch viele Anschaffungen machen müssen, ist es vielleicht nötig, daß der Mann viel arbeitet. Eine Mutter mit 3 oder 4 kleinen Kindern wird bei der täglichen Beanspruchung nur wenig Zeit für die Kultivierung der Beziehung zu ihrem Mann finden. Ein Grund für die vielen Scheidungen von Filmstars ist sicher in den langen und häufigen Trennungen zu suchen. Verbringt man nicht genügend Zeit miteinander, dann bleibt vieles unausgesprochen, über was man reden müßte. Es dauert nicht lange, und die Liebenden gehen getrennte Wege und sehen einander nur noch flüchtig bei den Mahlzeiten und zum Schlafen.
Wenn eine Frau zum Beispiel ihren Mann drängt, mehr Zeit mit ihr zu verbringen, reagiert er häufig irritiert und meidet lieber die Gegenwart seiner vorwurfsvollen Frau, anstatt sich ihr mehr zu widmen. Mit zunehmender Verzweiflung übt sie mehr Druck

aus, was aber ihre Gesellschaft noch unangenehmer macht und ihn förmlich aus dem Haus treibt. Als Folge breitet sich in einem oder beiden Partnern ein Gefühl der Einsamkeit aus, eine Leere, um die zu vermeiden die Ehe ja ursprünglich geschlossen worden war. Eine intime und liebevolle Freundschaft aber ist die schönste menschliche Beziehung. Fehlt sie, ist es vielleicht noch keine Katastrophe, aber ein gravierender Mangel.

Ist das Alleinsein durch die Überforderung im Job oder bei der Kinderpflege bedingt, wird das Paar Konzessionen machen müssen, um alles unter einen Hut zu bringen und dennoch Zeit füreinander herauszuschinden. Bei einer Verringerung der Ansprüche kann er vielleicht die Überstunden aufgeben. Und sicher kann er mit ihr einmal die Woche auf einen Drink ausgehen.

Wird das Alleinsein des einen durch Selbstsucht des anderen verursacht, der tut, was er will, während der andere die Stellung hält, muß der eine Teil, meistens die Alleingelassene, lernen, ihre Rechte durchzusetzen.

Ein gutes Gespräch kann auch nicht aufkommen, wenn der eine sich nicht traut, den Mund aufzumachen, weil er mit beißenden Kommentaren oder einer Tränenflut rechnen muß, oder wenn der Partner so schüchtern ist, daß er sich fast immer in Schweigen hüllt.

Im 1. Fall helfen oft Beratung und Training, damit die Furcht vor einer Zurechtweisung oder der schlechten Laune des Partners schwindet. Und wenn der Partner wegen Ihrer Handlung böse oder deprimiert wird, bedenken Sie: Solche neurotischen Reaktionen sind nicht Ihre Schuld. Es ist unsinnig, sich für die Wutausbrüche oder Depressionen anderer verantwortlich zu fühlen. Sagen Sie, was Sie bei aller Fairneß wollen, und zwar sanft und höflich. Wenn Ihr Partner das nicht verträgt, raten Sie ihm oder ihr zu professioneller Hilfe.

Wenn Ihr Partner ein geborener Einsiedler ist, dann haben Sie sich eine andere Art von Problemen gekauft. Manche Menschen mögen keine Unterhaltung, weil sie schüchtern sind und das nie abschütteln konnten. Eine Frau beschwerte sich in

Gegenwart ihres Mannes darüber in der Hoffnung, ihn in meiner Gesellschaft zu mehr Freundlichkeit und Verbindlichkeit beim Umgang mit anderen anzuregen. Ich versuchte, ihn ins Gespräch zu ziehen, aber hätte genausogut an eine Wand reden können. Ich konnte ihm lediglich einsilbige Antworten entlokken, mehr nicht. Er war eben einer jener aufrechten schweigsamen Typen, denen man manchmal begegnet.
Was macht man mit maulfaulen Partnern? Man liebt sie oder läßt es. Zu ändern sind sie vermutlich nicht, da müßte schon einiges passieren. Aber mit etwas Nachhilfe schafft man es, wenigstens ab und zu ausgeführt zu werden, und wenn man sich mit Gästen umgibt und mit ihnen etwas unternimmt, wie beispielsweise Kartenspielen, kann man sich das Leben ganz angenehm einrichten, wenn es auch nicht sehr anregend ist.
Wundert es Sie, daß die Leutchen sich nach jahrelanger Ehe über Eigenschaften und Gewohnheiten beschweren, die ihnen an ihren Partnern auf Anhieb hätten auffallen können? Ich fand es auch erstaunlich und befragte meine Patienten. Unweigerlich bekam ich zur Antwort, sie seien so maßlos verliebt gewesen, daß nichts anderes zählte. Und außerdem gaben sie sich der irrigen Hoffnung hin, das gemeinsame Leben würde Wunder wirken.

Familienkonflikte

Schwierigkeiten mit der Familie und Verwandtschaft wurden von manchen Paaren als Ursache für eheliche Differenzen genannt, und zwar am häufigsten Meinungsverschiedenheiten über die Kindererziehung und Konflikte mit den Schwiegereltern. Ich hörte, wenn auch selten, Klagen über das langweilige Mutterdasein und die Vernachlässigung der Kinder durch den Ehepartner.
Meinungsverschiedenheiten über die *Kindererziehung* können langwierig sein und die Ehe vor eine schwere Zerreißprobe stellen. Wenn die Eltern sich nicht über Erziehungsgrundsätze einigen können, ist das Kind natürlich der Leidtragende.

Als Nebenprodukt führt dieser Zustand zu großer Verwirrung darüber, was recht und unrecht ist. Der Vater läßt dem Sohn durchgehen, daß sein Zimmer wie eine Rumpelkammer aussieht, während die Mutter dauernd dahinterher ist, daß er aufräumt. Also bekommen sich die Eltern in die Haare, warum er nicht auf Ordnung sieht, während sich die Frau vorwerfen lassen muß, sie verlange etwas Weibisches von dem Jungen. Ein solch verbittert geführter Streit über das Wohl des Kindes kann die übelsten Regungen zum Vorschein bringen. Schließlich bedauern die beiden, sich geheiratet und überdies Kinder in die Welt gesetzt zu haben. Ich habe Dutzende von Ehen erlebt, die glücklich hätten sein können, wären nicht die dauernden Reibereien wegen der Kinder gewesen.

Eine Frau kam das wiederholte Mal ins Krankenhaus, weil ihr Mann ihr einfach nicht bei der Erziehung der Kinder helfen wollte. Der Junge hatte ernsthafte Schulschwierigkeiten, während die Tochter sich das Geld für ihren Drogenkonsum durch Prostitution verdiente. Die Mutter stemmte sich gegen diese zerstörerische Entwicklung, bekam aber von ihrem Mann keine Unterstützung. Das konnte sie ihm nie verzeihen, und als sie durch die Therapie mehr Selbstvertrauen gewonnen hatte, verließ sie ihn. Mittlerweile waren beide Kinder nicht mehr im Haus, aber sie verabscheute ihren Mann so sehr, daß sie seine Gegenwart nicht mehr ertragen konnte.

Kinder sind wahre Meister, wenn sie die Eltern gegeneinander ausspielen, um ihren Kopf durchzusetzen. Sie wollen zwar weder den Zwist noch eine Zerrüttung der Familie, aber können der Gelegenheit nicht widerstehen, Vorteile für sich herauszuschinden. Auf diese Weise darf Jochen abends Vaters Wagen nehmen und Susanne ins Kino gehen, anstatt für die Klassenarbeit zu büffeln.

Wenn diese Ehe eine Überlebenschance haben soll, müssen die Eltern lernen, ihre Disziplinarmaßnahmen zu koordinieren. Selbst wenn es Ihnen nicht ganz paßt, wie der Partner die Sache anpackt, machen Sie mit, sofern es Ihnen nicht ganz gegen den Strich geht. Dafür unterstützt der Partner dann vielleicht beim nächsten Mal Ihre Anweisungen. Wenn Sie mit den Kindern allein sind, haben Sie natürlich das Sagen. Wenn er heimkommt und es anders regeln will, geben Sie nach, wenn nicht mit ihm zu reden ist. Am nächsten Tag, wenn er das Haus verlassen hat, können Sie ja wieder für Ihre Ordnung sorgen.

Wird das die Kinder verwirren? Nicht so sehr, wie Sie meinen. Kinder und ebenso Erwachsene können sich recht flexibel an das anpassen, was gerade von ihnen erwartet wird. Sie kennen doch sicher auch einige Fälle, wo Kinder zu Hause wahre Monster, bei Fremden aber mustergültig sind. Es ist durchaus möglich, abends und an den Wochenenden Vaters Richtlinien zu beherzigen, aber während der anderen Zeit Mutter zu gehorchen.

Eltern, die in den Kindertagen ihrer Sprößlinge keine Last mit der Disziplin hatten, werden ihr blaues Wunder bei Eintritt der Pubertät erleben. Gerade die liebenswürdigsten und folgsamsten Kinder schlagen am schlimmsten über die Stränge. Da kommt die goldige Tochter, die Ihnen nie widersprochen hat, plötzlich heim, wann es ihr paßt, klebt stundenlang am Telefon und flucht wie ein Bierkutscher. Vater und Mutter sehen solche Veränderungen oft mit verschiedenen Augen und denken an unterschiedliche Maßnahmen. Das aber bringt die Ehe in ernste Gefahr.

Die *Schwierigkeiten mit den Schwiegereltern* nehmen besonders in jungen Ehen einen breiten Raum ein. Es ist eine Frage der Vernunft, die Einmischung der Familie in Grenzen zu halten.

Neurotisches Verhalten

Etwa 5% meiner Patienten hielten das Benehmen ihrer Partner für nicht normal. Zu Differenzen gehören zwar zwei, wie das Sprichwort besagt, aber es läßt außer acht, wieviel Unheil einer allein in einer Ehe anrichten kann. Das ist ein wichtiger Punkt, den auch die moderne Familientherapie im Visier hat, denn es gibt Menschen, deren Störungen nur in den Beziehungen zu anderen Menschen auftreten. Deshalb ist es auch von Bedeutung, die ganze Familie in die Behandlung einzubeziehen und

sich nicht auf den oder die »kranke/n« Angehörige/n zu konzentrieren. Oft ist das bitter nötig.
Meiner Erfahrung nach ist es allerdings nicht ungewöhnlich, daß sich eine beispielsweise in der Kindheit erlebte Beziehungsstörung auswirkt und die betroffene Person später selbst in guten und stabilen Bindungen alle möglichen neurotischen Verhaltensweisen an den Tag legt. Das kommt von einem Übermaß an unangepaßten Gewohnheiten und nicht etwa von der Behandlung durch die Außenwelt. In diesem Fall gehören nicht zwei dazu, sondern einer allein richtet das Unheil an.

> Nehmen wir Ted. Er hegte von Kindheit an Schuldgefühle, weil er nicht hatte verhindern können, daß seine kleine Schwester bei einem Autounfall umkam. Von da an brachte er sich regelmäßig so alle 10 Jahre in böse Kalamitäten. Mit 30 forcierte er eine Frau, sich von ihrem Mann scheiden zu lassen, indem er sie schwängerte. Mit 40 leitete er eine weitere Scheidung in die Wege, indem er ein Mädchen schwängerte. Mit 50 ließ er sich von seiner 3. Frau scheiden, Sie raten schon warum. Jedesmal, wenn er seinen Fehler wiederholte, büßte er alles ein und brauchte ungefähr 10 Jahre, um ein bestimmtes Stadium der Zufriedenheit zu erreichen, das er aus Schuldgefühlen sofort zu eliminieren gezwungen war.

Was könnte eine Partnerin gegen solche periodischen, selbstzerstörerischen Neigungen schon Wirkungsvolles unternehmen? Der Mann meinte, sich bestrafen zu müssen, gleichgültig, was seine Frau tat. Er ritt sich ganz allein in seine Schwierigkeiten hinein. Die Aufgabe eines Psychotherapeuten wäre es, ihn dazu zu bringen, daß er seine Schuldgefühle versteht und nicht seine Frau.
Mangelnde Selbstdisziplin ist eine jener neurotischen Gewohnheiten, die dem Partner das Leben schwermachen. Eine Frau, die ihre Erscheinung vernachlässigt, das Haus verkommen läßt und sich bei den Kindern nicht durchsetzen kann, geht einem disziplinierten Ehemann so auf die Nerven, daß Reibereien unvermeidlich sind.
Während eine Anzahl von Klienten sich nicht mit der Schlampigkeit ihrer Partner abfand, wollten andere das Handtuch wer-

fen, weil ihre Partner Perfektionisten waren. Diesen Typen kann man nichts recht machen. Sie weisen die Mitmenschen wegen jeder Kleinigkeit zurecht und machen daraus eine Staatsaffäre. John brüllt beispielsweise Maja an, wenn sie vor dem offenen Kühlschrank steht und sich überlegt, was es zum Abendessen geben soll. Er schaltet überall im Haus das Licht aus, dreht nachts die Heizung herunter, wirft kein bißchen Essensreste in den Müll und spitzt für jeden im Haus unaufgefordert die Bleistifte. Er ist ein praktischer Heimwerker, aber betreibt alles zu korrekt. Mit einem Pedanten zusammenzuleben, kann genau so nervtötend sein wie mit einem Schlampigen.

Alkoholiker schießen natürlich den Vogel ab, wenn die Rede von neurotisch gestörten Ehen ist. Die meisten sind Männer, die mit ihren verschiedenen Frustrationen nicht umgehen können und sich moralisch auf ihre Frauen stützen. Bezeichnenderweise scheinen diese Frauen schwache Partner zu bevorzugen, damit sie sich wichtig vorkommen können, auch und besonders in den Augen ihrer Männer. Ehen, bei denen dieses neurotische Gleichgewicht nicht kippt, können durchaus gutgehen. Früher oder später aber wird er zu belastend, zu anspruchsvoll, zu verantwortungslos und unerträglich, so daß sie das Gefühl, gebraucht zu werden, nicht mehr trägt. Dann sehe ich sie als Klienten in meiner Praxis.

Wie funktioniert eine Ehe?

Betrachten wir nun die innere Struktur und die Mechanismen, die bei den meisten, wenn nicht allen Ehen anzutreffen sind. Ich stütze mich dabei auf eine Menge Erfahrung und immer wieder verfeinertes Fachwissen.

Die Ehe ist, wie schon gesagt, ein Geschäft. Um es abzuschließen, müssen die Vertragspartner nicht verliebt sein, aber im allgemeinen läuft das Zusammenleben glatter, wenn sie eine tiefe Zuneigung füreinander hegen. Mit allem Nachdruck weise ich auf die grundlegende Voraussetzung hin: *Das eheliche Glück wird in dieser Geschäftspartnerschaft wachsen, blühen und gedeihen, solange es jedem der beiden Partner ein vernünftiges Mindestmaß an Zufriedenheit beschert.*

Wenn der Mann eine sexy Frau wünscht, mit der er angeben kann, während sie von einem Leben in Wohlstand und gesellschaftlichem Ansehen träumt, können die beiden durchaus miteinander glücklich sein, selbst wenn sie ihn manchmal verrückt macht. Solange er stolz auf sie sein kann, bekommt er, was er sich von dieser Ehe versprochen hat. Solange sie verwöhnt wird, hat sie keinen Grund zu klagen. Obgleich sein Beitrag zu dieser Partnerschaft 90% ausmacht und der ihrige 10%, tut das dem Glück keinen Abbruch. Zugegeben, man muß schon etwas neurotisch und verzweifelt sein, um solche Bedingungen zu akzeptieren, und eine solche Kombination kommt nicht oft vor. Ich nehme es nur als Beispiel, um zu zeigen, daß auch solch ungleiche Ehen glücklich sein können, wenn jeder der beiden die eigenen Wünsche und Bedürfnisse erfüllt sieht. Dann nämlich steht dem Glück nichts im Weg. Ich behaupte ferner, daß ein solches Gleichgewicht der Befriedigung der Liebe zuträg-

lich ist. Liebe ist, wie gesagt, das Gefühl, das man für einen Menschen empfindet, der einem die innersten Wunschvorstellungen und Bedürfnisse erfüllt.
Um zu verstehen, wie die Ehe funktioniert, müssen wir uns 2 Vorstellungen einprägen:

1. Liebe ist, wenn man bekommt, was man intensiv will.
2. Ehe ist die geschäftliche Partnerschaft, die diese Vorteile dauerhaft absichert.

Läuft in einer Ehe etwas schief, sollten wir an diesen beiden Kernsätzen überprüfen, was passiert ist und was unternommen werden muß, um das Gleichgewicht wieder herzustellen.

Irrationale Ängste, die Verbesserungen verhindern

Eine Ehe in Not macht Änderungen notwendig. Das ist leichter gesagt als getan. Die Ausflüchte, die Menschen machen, um ihrem Partner nicht offen entgegenzutreten oder ihn zum Einlenken auf ihre Forderungen zu bewegen, sind Legion.

Angst vor Zurückweisung

Viele Menschen werden zu Feiglingen, weil sie befürchten, ihren Partner oder ihre Partnerin zu erzürnen oder von ihnen zurückgewiesen zu werden. Wir sind so besessen davon, immer und überall geliebt werden zu müssen, daß wir es kaum schaffen, in strittigen Punkten nicht nachzugeben. Die Leute glauben, daß sie andere verletzen, wenn sie sie (beziehungsweise ihre Wünsche) zurückweisen, und diese Meinung nehmen sie so wörtlich, daß sie jede Konfrontation scheuen wie der Teufel das Weihwasser.
Was sie lernen müssen, ist, daß eine Zurückweisung zwar unangenehm ist, aber nicht schmerzt, sofern man das nicht zuläßt. Nur wenn man sich wehtun läßt, wird man leiden. Anstatt die Streitfrage sofort und ehrlich mit dem Partner zu klären und eine momentane Verstimmung zugunsten langfristiger Vorteile und Übereinkünfte in Kauf zu nehmen, zittern die Ängstlichen

wie das Kaninchen vor der Schlange beim bloßen Gedanken an eine Auseinandersetzung und an Veränderungen. Doch wenn sie sich nicht aufraffen und für ihre Rechte eintreten, wird es ihnen schlecht ergehen. Sie werden ihren Partner hassen lernen, weil er oder sie die unmögliche Lage nicht beendet. Dann wird ihnen die Ehe genauso widerwärtig erscheinen wie ein unbefriedigender Job. Und schließlich werden sie sich wahrscheinlich selbst hassen, weil sie kein Rückgrat haben und das nicht länger vor sich verheimlichen können.

Schlagen Sie sich folgende Gedanken aus dem Kopf: Ich traue mich nicht, meinem Partner entgegenzutreten, weil er mich sonst zurückweist, und das könnte ich nicht ertragen. Wenn Sie sich auf die Hinterbeine stellen, werden Sie auf lange Sicht viel mehr gewinnen, als Sie vermuten. Überlegen Sie sich gut, was Sie bei aller Fairneß erreichen wollen, erklären Sie Ihrem Partner, was Sie zu tun gedenken, wenn das nicht geschieht, und dann gehen Sie in Deckung, damit der Sturm sich austoben kann. Ihr/e Eheliebste/r wird sich auf den Kopf stellen, damit Sie den Status quo nicht ankratzen. Wenn Sie aber die Mißbilligung und den kalten Krieg über kürzere oder längere Zeit geduldig durchstehen, werden Sie gewinnen (falls Sie nicht geschieden sind), weil alle Taktiken, Ausweichmanöver und Szenen Ihres Partners ein Schlag ins Wasser waren.

Bertha sah ich die Depression an, als sie mein Sprechzimmer betrat. Sie hatte rotumränderte Augen, eine ernste Miene, sprach leise und schleppte sich dahin, ohne die Elastizität im Gang, die von Selbstvertrauen und Gesundheit kommt. Sie war typisch unterdrückt. Während sie zu Hause blieb, ging der Ehemann mit Geschäftsfreunden aus. Außer Einsamkeit, der Drecksarbeit im Haushalt und pausenlosem Babysitting hatte ihre Ehe ihr nichts zu bieten.

Daß Bertha nicht auf mehr Rechte pochte, entschuldigte sie damit, daß er seinem Ärger freien Lauf ließ, wenn ihm etwas nicht behagte, und daß er sie erst wieder liebte, wenn sie sich entschuldigt hatte. Unter meinen Vorhaltungen revidierte Bertha die Ansicht, nicht geliebt zu werden sei eine Katastrophe, und stellte sich auf die Hinterbeine.

Nicht lange, und sie ging mit ihren Freundinnen tanzen oder zum Essen oder ins Kino, während Bob wie vorauszusehen vor Eifersucht tobte. Berthas Nerven verkrampften sich zwar, aber darauf und auf noch mehr hatte ich sie vorbereitet. Es dauerte nicht lange, und Bob ließ sich zu Handgreiflichkeiten hinreißen. Sie verließ das Haus und verbrachte die Nacht, sehr zu seiner Überraschung, in einem Hotel.
Bertha durchschaute ihn nun und konnte die nächsten Szenen voraussehen. Beim nächsten Krach packte Bob seine Koffer und zog aus. Sie regte sich fürchterlich auf, zeigte es aber nicht. Ich hatte sie gewarnt, daß das der Moment der Wahrheit sei. Sie mußte die Ehe aufs Spiel setzen und viel Druck auf ihn ausüben, um den ihr wichtigen Lebensstil durchzupauken. Wenn er ihre Erwartungen nicht einsehen wollte, war sie ohne ihn besser dran und konnte ein neues Leben anfangen, das ihr vielleicht einen Partner bescherte, mit dem sie zufrieden und glücklich leben konnte.
Am nächsten Abend kam Bob nach Hause. Ihm dämmerte, daß Bertha wildentschlossen war, ihre Wünsche auf bestimmten Gebieten nicht mehr mißachten zu lassen. Wenn ihm an der Ehe lag, und das tat es, würde er nachgeben müssen. Bob versuchte, Bertha in langen nächtlichen Gesprächen zur Vernunft zu bringen. Gegen diese Finte hatte ich sie auch gewappnet. Sie sollte die Gespräche kurz abbrechen und erklären, daß er entweder ihre Bedingungen zu akzeptieren hätte oder gehen könne. Es gäbe nichts mehr zu diskutieren. Glücklicherweise klappte diese Strategie, und weil ihr neues Leben sie mehr freute, konnte sie auch ihren Mann und die Ehe wieder schätzen und mögen. Diese Zufriedenheit strahlte auch auf ihn aus.

Angst, den Partner aufzuregen

Ein beliebtes Ausweichmanöver vor einer Veränderung der Umstände ist die Behauptung, der Partner würde sich so aufregen, daß man selbst Schuldgefühle bekäme, weil man ihm diesen Schmerz zufüge. Das ist natürlich Unsinn, weil niemand für die Emotionen eines anderen verantwortlich ist. Wenn Sie etwas tun, was Ihrem Partner so mißfällt, daß er sich aufregt, ist das sein Bier. Sie können keinen Menschen aufregen, wenn der es nicht mit sich machen läßt. Das, was Sie sich selbst an fürchterlichen Dingen einreden, regt Sie auf, und nicht, was Sie tun.

Mary fühlt sich schuldig, wenn sie die sexuellen Annäherungsversuche ihres Mannes zurückweist. Er wird dann wütend, schmollt, zieht sich 2 oder 3 Tage zurück und bestraft sie mit Schweigen und Nichtachtung. Deshalb Schuldgefühle zu haben, ist sinnlos, denn sie ist es nicht, die Toby aufregt; sie hat ihn lediglich frustriert. Er selbst regt sich über die Frustration maßlos auf und schiebt ihr die Schuld zu. Es sind seine zornigen und vor Selbstmitleid triefenden Gedanken, die ihn in Aufruhr versetzen: »Wie kommt sie dazu, sich mir zu verweigern? Sie ist schlecht, weil sie so selbstsüchtig ist. Ich werde es ihr zeigen, dieser niederträchtigen Person. Es wird ihr leid tun, daß sie mir nicht gegeben hat, was ich wollte.«

Eine solche Gedankenkette kann selbst das ruhigste Gemüt in Wallung bringen. Wenn sich Mary auf diese neurotischen Vorstellungen einläßt, übernimmt sie die Schuld für seine ureigenen Machenschaften. Sie muß nur einsehen, daß er selbst sein ärgster Feind ist. Ein reifer Mensch würde nämlich anders reagieren: »Meine Frau hat also heute keine Lust, na schön. Da bricht die Welt auch nicht zusammen. Wenn ich auf sie eingehe, ist sie wahrscheinlich auch öfter zu Sex bereit. Inzwischen muß ich eben mit meiner Frustration leben. Es kann ja nicht immer alles nach meinem Kopf gehen. Schließlich bin ich kein Kind mehr.«

Würde sich Toby auf diese Weise gut zureden, dann wäre er buchstäblich nicht in der Lage, sich aufzuregen. Ob sich Ihr Partner also aufregt oder nicht, hängt nicht davon ab, was Sie tun oder lassen, sondern von seiner eigenen Interpretation Ihrer Handlung. Sollte Ihr Partner diesen Mechanismus nicht einsehen wollen oder können und nach wie vor Ihnen die Schuld für seine Erregungszustände in die Schuhe schieben, dann erklären Sie ihm (oder ihr) ruhig und sachlich, wie leid Ihnen seine Aufregung tue und daß Sie aufrichtig hofften, er

würde etwas gegen die bedauerliche Weise machen, in der er sich in Mißlichkeiten hineinmanövriert. Eine psychologische Beratung täte ihm vielleicht gut.
Damit liegt die Verantwortung für eine Störung dort, wo sie hingehört. Werden Sie nicht weich, wenn Ihr Partner das nächste Mal Vorwürfe auf Ihrem Haupt ablädt. Lesen Sie ihm diese Zeilen vor, und lassen Sie die Vorwürfe an sich abprallen.

Angst vor finanzieller Unsicherheit

Viele Frauen wissen nicht, wovon sie, auf sich gestellt, leben sollen, und fügen sich deshalb in ihr eheliches Los. So macht die Angst vor einer unsicheren finanziellen Lage Feiglinge aus ihnen. Sie malen sich aus, daß sie auf die Straße geworfen werden und in Lumpen um ein Stückchen Brot betteln müssen. Um ein solches Schicksal zu vermeiden, finden sie es leichter, angebrüllt zu werden und die Sauferei, Schläge und Untreue ihres Mannes über sich ergehen zu lassen, als sich auf die eigenen Beine zu stellen.
Doch das große Unheil, das sich Frauen an die Wand malen, wenn der Ehemann nicht mehr für ihren Unterhalt zahlt, tritt kaum jemals ein. Gewöhnlich finden sie Arbeit oder werden von der Familie oder Freunden über Wasser gehalten, bis sie allein auskommen. Vielleicht müssen sie eine Weile Sozialfürsorge in Anspruch nehmen, bis ihnen gerichtlich Unterhalt zugesprochen wird. Schließlich ergreifen sie damit die Chance, in absehbarer Zeit einen neuen Mann kennenzulernen, der ihnen mehr Zuneigung und finanzielle Sicherheit bieten kann, als sie bislang erlebten.
Die meisten Frauen unter meinen Patientinnen, die sich zu einer Trennung entschlossen hatten, ohne Rücksicht auf das Geld, haben nur eines bedauert, nämlich daß die Scheidung nötig war. Aber wenn die Ehe schon nicht zu retten war, dann wollten sie lieber als Geschiedene auf eigenen Beinen stehen, für neue Erfahrungen aufgeschlossen, als weiter in Angst und Schrecken zu kuschen und sich die groteskesten Demütigungen bieten zu lassen.

Angst vor Körperverletzung

Die Angst vor brutaler Behandlung und Schlägen kann einer Frau schon den Mut nehmen. Sie müssen mit ansehen, wie ihre unreifen Männer toben und wüten, fast mit Schaum vor dem Mund, und sich auch noch mit den wüstesten Beschimpfungen überschütten lassen. Sie haben erlebt, wie das Mobiliar wie Streichhölzer zu Bruch ging.

Unter solchen Umständen müssen Frauen täglich damit rechnen, daß der Mann auch gegen sie Gewalt anwenden wird, wenn sie sich nicht fügen.

Ich kann solche Ängste verstehen, gebe aber auch ihnen den gleichen Rat wie anderen in ihrer Lage. Schlagen Sie zurück, wehren Sie sich, wenn nötig mit Gewalt. Niemand hat das Recht, Sie mit Gewalt gegen Ihren Willen zu zwingen. Einen solchen Übergriff würden Sie sich nicht einmal von einem Landstreicher gefallen lassen. Warum sollten Sie es von Ihrem Ehemann hinnehmen?

Wenn Sie ihn verhaften lassen müssen, um sich an Leib und Leben zu schützen, tun Sie es. Wenn Sie ehrlich glauben, er sei ein Psychopath oder krank, lassen Sie ihn in eine Klinik einweisen - wobei Sie nicht gerade vor ihm telefonieren sollten, um die fahrbare Gummizelle zu bestellen. Reden Sie nicht darüber, treffen Sie die Arrangements allein. Wenn es denn sein muß, packen Sie ein paar Sachen ein, nehmen Sie den Notgroschen, rufen Sie ein Taxi, und verkriechen Sie sich die nächsten Tage in einem Hotel. Wenn er den Ernst der Lage begriffen und sich beruhigt hat, reden Sie mit ihm. Tut es ihm leid, gut; vielleicht können Sie die Dinge friedlich regeln. Droht er Ihnen, Sie umzubringen, melden Sie es der Polizei und sagen ihm das auch. Lassen Sie keinen Zweifel daran, daß Sie es ein für allemal satt haben, sich von ihm herumstoßen zu lassen. Sollte er noch einmal die Hand gegen Sie erheben, würden Sie ihn anzeigen. Vielerorts gibt es heute Frauenhäuser, in denen bedrohte Frauen nicht nur Zuflucht, sondern auch jede Art von Unterstützung finden.

Das sind schwere Geschütze, ich weiß, aber zu einem anderen Vorgehen kann ich Ihnen wirklich nicht raten. Auf einen groben

Klotz gehört ein grober Keil. Wenn Sie brutal behandelt wurden, dann deshalb, weil sie schwach gewesen sind. Tyrannen vergreifen sich immer an den Schwächlingen. Wenn Sie von Ihrem Mann respektiert werden wollen, dürfen Sie sich seine Brutalität nicht bieten lassen.

Angst, die Kinder durcheinanderzubringen

Viele Eheleute wehren sich nicht gegen die Übergriffe ihrer Partner, weil die Kinder in Mitleidenschaft gezogen werden, und unter einer Scheidung würden sie noch mehr leiden. Diese Haltung nehmen in aller Aufrichtigkeit sowohl Frauen als auch Männer ein. Aber nichts verstört die Kinder mehr, als wenn sich ihre Eltern anfauchen und angiften.

Wenn Sie bereit sind, dem Partner nachzugeben, um den Kindern das erschreckende Bild zu ersparen, haben Sie meinen Beifall. Was aber, wenn Ihr Opfer nicht die gewünschte Wirkung, nämlich Frieden und Harmonie, zeitigt? Was dann?

Betrachten wir es einmal vom Standpunkt Ihres völlig berechtigten Eigeninteresses aus. Wenn Sie ehrlich meinen, daß Sie unglücklich sind, falls sich nicht gewisse Dinge verändern, opfern Sie sich nicht zu lange auf. Sonst demonstrieren Sie Ihren Kindern, daß es richtig ist, sich einem Kraftprotz zu unterwerfen und vor einer Auseinandersetzung davonzulaufen. So benimmt sich kein reifer Mensch, und Sie tun den Kindern keinen Gefallen, wenn sie das in der Familie lernen. Wenn die Reibungspunkte also nicht durch ein vernünftiges Maß an Widerstand durch Sie aus der Welt geschafft werden können, sollten Sie die Kinder nicht endlos diesen neurotischen Szenen aussetzen, sondern sie in den Wagen packen und abhauen. Von einem sinkenden Schiff würden Sie ja auch sich und möglichst viele andere in Sicherheit bringen, oder?

Kann ein Elternteil allein für eine gute Kindererziehung sorgen? Natürlich. Auf jeden Fall wird es reibungsloser funktionieren als bei Streithähnen von Eltern. Kinder gewöhnen sich mit der Zeit an manches. Die ihnen gewidmeten Stunden mit dem anderen Elternteil können viel vergnüglicher und wärmer für die Kinder sein als zu Zeiten der äußerlich intakten Ehe.

Machen Sie sich also keine übertriebenen Sorgen. Mißbrauchen Sie die Kinder nicht als Ausrede, um sich nicht auf die Hinterbeine stellen zu müssen. Wenn es wirklich zum Schlimmsten kommt, wird eine Trennung nicht so viele Unannehmlichkeiten bringen wie der heldenhafte Versuch, die zerrüttete Familie zusammenzuhalten.

Einem geschenkten Gaul schaut man nicht ins Maul

An den Zähnen eines Pferdes erkennt man sein Alter. Und wer wird denn ein Geschenk kritisieren?

Ich habe Georgia monatelang bearbeitet, damit sie mehr Gerechtigkeit in ihrer Ehe erreicht. Sie war sehr pflichtbewußt, hielt ihrem Gatten das Essen warm bis spät in die Nacht, ermöglichte ihm freie Wochenenden, weil sie die Gartenarbeit übernahm, und überließ ihm alle größeren Entscheidungen. Sie war nicht sicher, ob ihr gelegentlich erkämpfte Vorrechte zustanden, und hatte ein schlechtes Gewissen, wenn sie ab und zu mit ihren Wünschen durchdrang.
Über die Monate verstärkte sich ihr Selbstbewußtsein, und sie wurde mehr und mehr zur erwachsenen Ehepartnerin, als fügsame Kindfrau zu bleiben. Es sah so aus, als würde die Eheberatung zu einigen angenehmen Veränderungen in ihrer Beziehung zu Bobby, ihrem Mann, führen.
Irrtum. Sehr zu meiner Verblüffung kam eine Reihe von Rückschlägen. Ich forschte bei Georgia nach, aber sie wußte zuerst auch keine Antwort. Doch bei der nächsten Sitzung legte sie den Finger auf die Wunde.
»Bobby ändert sich wirklich«, berichtete sie, »aber ich habe den Eindruck, er tut es nur mir zuliebe und nicht aus Überzeugung, daß meine Wünsche nicht unfair sind.«
»Na und?« wollte ich wissen.
»Wer will denn schon einen Mann, der wie ausgewechselt ist, die Konzessionen aber nur gezwungenermaßen macht?«
»Wahrscheinlich jeder«, reagierte ich spontan.

»Ehrlich? Stört es Sie nicht, wenn Sie wissen, daß die Zugeständnisse nur grollend und nicht freiwillig und gern gemacht werden?«

»Sicher wäre es mir lieber, wenn sich andere freudigen Herzens meiner Meinung anschließen, aber das ist zuviel verlangt, und außerdem tut es nichts zur Sache.«

»Wieso tut es nichts zur Sache, wenn mein Mann mir nur unter Druck gefällig ist?«

Georgias Dilemma ist nicht außergewöhnlich. Wenn Sie auch in einem solchen Zwiespalt der Gefühle stecken, führen Sie sich die folgenden Punkte vor Augen.

Frust tolerieren

Sie können natürlich nicht erwarten, einen Beliebtheitswettbewerb zu gewinnen, wenn sie am Verhandlungstisch Ihre Rechte mit Druck durchsetzen. Jede Veränderung des eingerissenen Trotts bringt Frustrationen mit sich, und die erlebt keiner gern. Wenn es Ihnen also unzumutbar erscheint, einen Vorteil auf Kosten von Unbequemlichkeiten anderer herauszuschinden, selbst wenn Ihre Wünsche gerechtfertigt sind, dann sollten Sie den Mund halten.

Gefälligkeiten annehmen

Wieso wollen Sie Wohltaten von anderen nicht annehmen, sofern sie Ihnen mit mehr oder weniger heimlichem Groll zuteil werden? In anderen Bereichen Ihres Lebens fällt Ihnen das gar nicht schwer. Wenn Sie wegen einer Gehaltserhöhung vorstellig werden, erwarten Sie ja auch nicht, daß Ihr Chef jubelt, weil er mehr Geld ausspucken muß. Er findet zwar, daß Sie ein höheres Gehalt verdient haben, aber es würde ihm nicht das Herz brechen, Sie mit weniger abzuspeisen. In diesem Fall aber lassen Sie nicht mit sich spaßen – Sie meinen, daß Ihre Arbeit mehr wert ist, und dabei geht Ihr gesundes Eigeninteresse so weit, sich nicht darum zu kümmern, ob es ihm gerade paßt oder nicht.

Geben und nehmen
Es ist wichtig, daß Ihr Partner lernt, die Vorzüge der Ehe mit Ihnen zu teilen. Wenn er oder sie nicht an eine gerechte Verteilung der Freuden (wie auch der Leiden) gewöhnt ist, sollten Sie dem Partner oder der Partnerin als erstes beizubringen versuchen, wie man seine Frustrationen mit Gelassenheit wegsteckt.
Wie schafft man das? Indem man ihn oder sie so oft frustriert, bis er gelernt hat, Kompromisse zu schließen. Wenn Sie das nicht tun, bringen Sie Ihren Partner um die Chance, etwas abgeben zu lernen, und setzen sich weiterhin den Ungerechtigkeiten aus, die Ihnen in der Vergangenheit auf die Nerven gingen.

Fair bleiben
Wenn Sie bei Ihren Wünschen und Forderungen fair bleiben, ist damit zu rechnen, daß Ihre Ehe immer harmonischer wird, selbst wenn Sie eine Periode milder Zurückweisung durchstehen müssen. Nichts ist für das Gemeinschaftsgefühl zuträglicher als das Wissen, daß man den anderen durch die eigenen Bemühungen glücklich macht.

Da Georgia bei ihrer Strategie und Standhaftigkeit blieb, wurde sie in relativ kurzer Zeit viel zufriedener, und Bobby machte es nichts mehr aus, gewisse Opfer zu bringen. Die neue Übereinstimmung machte auch ihn glücklicher.
Das alte Sprichwort, daß man einem geschenkten Gaul nicht ins Maul sehen soll, trifft auch für uns heute zu.
Es ist nicht nötig, auf alle Gründe einzugehen, warum die Menschen sich gegen Veränderungen wehren. Für uns ist die Erkenntnis wichtig, daß manche Ehen unglücklich und veränderungsbedürftig sind, die Partner jedem Schritt in diese Richtung aber aus allen möglichen fadenscheinigen Begründungen ausweichen. Ich will Ihnen eine sichere Methode zeigen, mit der Sie schneller zum Ziel gelangen als mit allem, was Sie vorher probiert haben.

Eine Tat ist mehr wert als tausend Worte

Wenn Ihr Partner Sie so frustriert, daß Sie unbedingt etwas gegen diese mißliche Lage tun müssen, werden Sie zuerst bestrebt sein, mit ihm darüber zu reden und einen Kompromiß zu finden. Schlägt das fehl, haben Sie 2 Möglichkeiten: Entweder lassen Sie die Dinge laufen, oder Sie versuchen es mit einer anderen Taktik.

»Der Worte sind genug gewechselt, laßt mich nun endlich Taten sehen«, forderte bereits Goethe in Faust I, und noch deutlicher in Wilhelm Meisters Lehrjahre: »Handeln ist leicht, denken schwer, nach dem Gedachten handeln unbequem.« Was man auch umdrehen könnte.

Wollen Sie sehen, wie diese Taktik funktioniert?

Eine Klientin ratterte eine Liste der Dinge herunter, um die sie ihren Mann gebeten hatte. Er war guten Willens, kam aber nie dazu, den Zaun auszubessern, die Schlafzimmerlampe zu reparieren oder den Küchenabfluß zu richten. Verschiedentlich drohte sie, einen Handwerker zu bestellen, aber er protestierte so heftig dagegen, für etwas bezahlen zu müssen, was er selbst erledigen könne, daß sie klein beigab und nur Tränen der Wut vergoß.

Als sie deprimiert wurde, weil sie beispielsweise 6 Monate eine Schüssel unter eine tropfende Heizung stellen mußte, kam sie in Tränen aufgelöst zu mir. Meine Reaktion war kurzentschlossen: Ich schob ihr das Telefon hin, suchte in den gelben Seiten die Nummer eines Installateurs und sorgte dafür, daß sie mit dem Mann einen Termin sobald wie möglich vereinbarte. Ich verbot ihr, ihren Mann zu informieren, wenn er abends heimkam. Soviel Höflichkeit hatte er nicht verdient. Wenn die Reparatur ausgeführt war, konnte sie ihm ja die Rechnung präsentieren.

Würde er dann an die Decke gehen? Aber klar doch. Und dann? Wie oft würde er wegen dieser Sache noch auf die Palme klettern? Eine ganze Weile, aber das wäre noch immer weniger nervtötend, als den tropfenden Heizkörper zu ertragen. Schließlich würde er die Lektion begriffen haben, nämlich, daß sie zu Taten überging, wenn er sich nicht aufraffen konnte. Und darauf kam es ja an.

Wenn Sie von Ihrem Partner oder Ihrer Partnerin Änderungen erreichen wollen, müssen Sie sich zuerst selbst ändern. Wenn Sie häufig unter Bevormundung leiden, dann nur, weil Sie sich zurechtweisen lassen. Wie das? Weil Sie sich durch die am Anfang des Kapitels genannten Ausflüchte aus dem Konzept bringen lassen und Ihren grundlosen Ängsten nachgeben.

Müssen die Unterschiede zwischen Männern und Frauen immer in einem Geschlechterkampf ausarten? Offensichtlich nicht. Wenn man Kompromisse erreichen kann, um so besser. Aber wenn keine Seite zurückstecken will, ist ein Mann oder eine Frau gut beraten, genauso zu verfahren wie im Geschäftsleben: zu streiken. Wie lange? So lange Ihre Widerstandskraft es zuläßt. Überdies behaupte ich, daß der Partner am Ende gewinnen wird, dem am wenigsten an der Ehe liegt. Das ist eine Ironie und eine bedauerliche menschliche Schwäche, wird sich aber meiner Beobachtung nach häufig bewahrheiten.

Der Partner mit der indifferenteren Einstellung zu seiner Ehe wird sich weniger scheuen, eine Scheidung zu riskieren, als der emotional mehr beteiligte Partner, dem jedes Mittel recht ist, um die Ehe zu retten.

Betrachten wir den Fall des verheirateten Mannes, der manchmal mit Kolleginnen zum Mittagessen ging. Seine Frau war deswegen wütend, aber der Mann fühlte sich ziemlich sicher und war nicht bereit, jede Freizügigkeit auf dem Altar der Ehe zu opfern und täglich im Kreis seiner Kollegen zu speisen. Seine Frau drohte ihm mit der Scheidung, aber das brachte ihn nicht aus der Fassung. Wenn sie darauf bestand, könne sie es so haben, beschied er sie. An diesem Punkt merkte sie, daß er am längeren Hebel saß. Sie mußte entweder nachgeben oder die Ehe zerstören, an der ihr so viel lag.

Manchmal macht man sich auch durch so forsche Sprüche, die Ehe nicht zu brauchen, selbst etwas vor, wie Karl und Dora feststellen mußten.

Er war sehr unzufrieden, wie sie Haushalt und Kinder managte. Bei jeder Gelegenheit ermahnte er sie, ihre Pflichten

ernster zu nehmen, doch ihre Reaktion war immer die gleiche: »Wenn es dir hier nicht paßt, weißt du ja, wo der Zimmermann das Loch gelassen hat.«
Tapfer, tapfer, und Karl nahm die Worte für bare Münze. Doch eines Tages hatte er die Nase voll und beschloß, sich von ihr scheiden zu lassen. Sehr zu seiner Verblüffung flossen daraufhin bei ihr die Tränen, und sie flehte ihn auf Knien an, ihr noch eine Chance zu geben. Zu allem Überfluß nahm sie noch eine Überdosis Schlaftabletten. Karl wartete ab, bis sie sich wieder erholt hatte, und verließ sie dann endgültig.

Wie kann man erkennen, ob ein Partner wirklich gleichgültig ist oder sich nur indifferent stellt? Überhaupt nicht. Sie werden Ihren Schritt machen und abwarten müssen, wie der andere reagiert. Daß unsere mündlichen Warnungen so selten beachtet werden, ist bedauerlich. Da sprechen Handlungen schon eine andere Sprache. Mit Kolleginnen essen trotz der Eifersucht der Frau schafft eine Tatsache. Die Handlung sagt alles, während die Drohung, man werde mit den Frauen vom Büro nebenan essen gehen, wirkungslos verpufft.

Am besten macht man sich durch Taten verständlich. Probieren Sie es sicherheitshalber zuerst mit Worten, aber vergeuden Sie nicht Jahre damit, sich anzubrüllen. Beim Reden versteht jeder nur das, was er verstehen will, aber Taten sprechen für sich. Etwas aktiv gegen die niederdrückenden Zustände zu unternehmen, anstatt nur darüber zu jammern, ist das wichtigste, was die Partner lernen müssen.

Wo Worte zählen

Ich habe zwar betont, daß man sich lieber auf Taten denn auf Worte verlassen soll, wenn man etwas klarstellen will. Doch gibt es einige Ausnahmen, und eine ist besonders bedeutsam.

Männer und Frauen wollen deutlich gesagt bekommen, daß sie geliebt werden. Es reicht nicht, das anzudeuten oder durch Blumen oder andere Liebesbeweise zu demonstrieren. Die Worte »Ich liebe dich« müssen ausgesprochen werden.

Es kommt auch auf den Ton an. Die Worte müssen aufrichtig klingen, sonst fühlt man sich verhöhnt. Sie brauchen nicht die Momente der Leidenschaft zu begleiten. Im Gegenteil, es stört Frauen, wenn sie nur beim Sex Liebeserklärungen zu hören bekommen.
»Ich liebe dich« muß spontan geäußert werden, als Ausdruck eines plötzlich übermächtigen Gefühls. Und jeder möchte es in regelmäßigen Abständen hören und nicht nur alle Jubeljahre. Sonst muß der Partner danach fragen, und es kommt zu den unerquicklichen Dialogen »Liebst du mich?« - »Das weißt du doch« oder »Ja, sicher«. Findet der Partner solche Rückfragen ein paarmal nötig, mag es noch angehen, aber auf die Dauer sollte man sich durch diesen massiven Hinweis angesprochen fühlen und von sich aus Liebeserklärungen abgeben. Sonst ist der oder die Partner/in zunehmend verunsichert und fühlt sich nicht genügend bestätigt. Je öfter ein Partner diese Frage stellt, desto weniger glaubt er der Antwort. Und je mehr der andere sich durch diese Frage bedrängt fühlt, desto weniger ist er geneigt, spontan seine Zuneigung auszudrücken, ein Teufelskreis.
Warum bringen viele Männer diese bedeutsamen Worte kaum über die Lippen, am wenigsten der Frau gegenüber, die ihr ein und alles ist? (Heiratsschwindler haben diese Schwierigkeit nicht und vielleicht deshalb so viel Erfolg.) Männer haben nun mal keine poetische Ader, denn das gälte als unmännlich. Schwülstige Beteuerungen, zärtliches Liebesgeflüster oder anderer romantischer »Unsinn« rückt sie in ihren Augen in die Nähe der Schwulen oder Pantoffelhelden. Das ist natürlich Quatsch, aber wie soll er gegen die Konditionierung seiner Kindheit ankommen? Sentimentalitäten sind Zeichen von Schwäche und rühren an Kastrationsängste. Welcher »richtige« Mann erträgt das schon.
Statt dessen ist er ein Realist und findet reine Worte ungeeignet, um seine Loyalität und Zuneigung zu zeigen. Von Männern kann man dann hören, daß verbale Liebeserklärungen lediglich heiße Luft sind und nichts bedeuten. Damit soll gesagt sein, daß Taten überzeugender sind und daß Süßholzgeraspel nicht sei-

nen harten Arbeitseinsatz für die Familie ersetzen kann. Sein Motto könnte das englische Sprichwort sein: Taten sind Früchte, Worte sind bloß Blätter. Sie wollen ihre Liebe durch Dienstleistungen und Aufmerksamkeiten demonstrieren. Ist es etwa nichts, wenn sie regelmäßig ihr Gehalt heimbringen, sich nicht herumtreiben, ihre Frauen unterhalten und mitnehmen und für die Familie sorgen?
Natürlich zählt all das. Warum aber läßt er sich nur widerstrebend in die Rolle des romantischen Liebhabers drängen? Sie sollten da nicht so widerspenstig sein, meine Herren. Auch wenn Sie sich überschlagen, um Ihrer Frau zu gefallen, kann sie nicht sicher sein, daß Sie das gern und freiwillig tun und nicht mit Groll gegen sie im Herzen. Schließlich kann man sich für Partner und Familie aufopfern, ohne sie zu lieben. Deshalb sind verbale Bestätigungen so wichtig.
Betrachten Sie es einmal von dem Standpunkt: Wenn Sie in einem Jahr unaufgefordert Gehaltserhöhungen und Beförderungen bekämen, Ihnen aber niemand von Bedeutung sagte, wie gut Sie sind, würden Sie dann nicht das Lob vermissen? Sachlich gesehen haben Sie natürlich von einer Position mit mehr Geld und Einfluß eine Menge, und ein anerkennendes Schulterklopfen oder Bewunderung sind für Ihre Karriere nicht unbedingt nötig, aber machen wir uns nichts vor. Die ganze Sache wäre viel erhebender, wenn Ihnen der Chef bei einem Essen zuprostete und Sie mit einem Anerkennungsschreiben bedächte oder wenn Ihnen Freunde und Kollegen am Telefon gratulierten.
Es gibt Fälle, wo Worte zählen.

Wieviel Eigennutz kann man sich leisten?

Der sicherste Weg in den Ruin einer Ehe ist, den Partner meistens bei wichtigen Dingen ihren oder seinen Kopf durchsetzen zu lassen. Falls Sie das tun, schützen Sie Ihre eigenen Interessen in dieser Ehe nicht. Der Erfolg Ihrer Beziehung hängt maßgeblich davon ab, daß Sie Ihre Rechte und Vorstellungen mit Nachdruck vertreten, bis Sie den Punkt erreicht haben, wo Sie sich sagen können: »Es behagt mir in dieser Ehe. Ich kann meine Interessen häufig verwirklichen und bin öfter zufrieden und glücklich als unglücklich.«

Falls Ihr Partner das gleiche von sich behaupten kann, steht Ihre Ehe auf gesunden Beinen. Jeder der Partner sorgt für eine ausreichende Befriedigung seiner Bedürfnisse, so daß ihm die Ehe mehr gibt als nimmt.

Ich vertrete energisch den Standpunkt, daß es Ihre Aufgabe ist, Ihre Zufriedenheit in der Ehe zu gewährleisten. Das ist nicht der Job Ihres Partners, sondern Ihrer allein. Behalten Sie Ihre Vorteile im Auge, und schließen Sie abwechselnd Kompromisse, setzen sich durch oder geben ganz nach, wobei Ihnen in der nächsten Runde die erste Wahl zusteht. So bekommt das Schiff auch keine Schlagseite.

Vergessen Sie nicht, die Ehe ist eine geschäftliche Partnerschaft mit dem Unternehmensziel, Sie glücklich zu machen. Sofern das nicht erreicht wird, liegt es weitgehend daran, daß Sie Angst haben oder Schuldgefühle produzieren, weil Sie auf eine Befriedigung Ihrer Wünsche und Bedürfnisse aus sind.

> Kürzlich beriet ich eine Frau, die kurz vor ihrer 3. Scheidung stand und deprimiert war. Marga konnte ihr Problem ganz klar analysieren. Sie hatte immer gezögert, für ihre Rechte einzutreten. Als die Jahre vergingen, wuchs in ihr jeweils eine starke Verbitterung gegen ihre Ehemänner. Das führte zu sexueller Kälte, Streitereien über hundert Bagatellen und schließlich zum Wunsch nach Scheidung.

Hätte Marga ihren Standpunkt von Anfang an klargestellt, selbst auf die Gefahr von Zurückweisungen und kleineren Spannungen hin, dann hätte sie damit ihre eigenen Interessen geschützt. Und dann wäre sie mit sich, ihrem Mann und der Ehe zufriedener gewesen. Eigennutz in vernünftigen Grenzen ist für die Fortdauer einer guten Ehe unumgänglich.

Wenn Sie eine gute Ehe führen wollen, sorgen Sie dafür, daß sie Ihnen Vergnügen bereitet. Wenn Sie keinen Spaß haben, werden Sie sie eines Tages aufgeben, genau wie Sie einen enttäuschenden Job kündigen würden. Es ist besser, dem Partner laufend ein paar Frustrationen zuzumuten, als später den aufgestauten Widerwillen. Genau betrachtet ist der ‚sicherste Weg in die eheliche Katastrophe mit dauernder Nachgiebigkeit gepflastert, in der irrigen Annahme, die ersehnte Liebe zu erringen, wenn man dem anderen jeden Wunsch von den Augen abliest. Ich wünschte, die menschliche Natur würde so funktionieren. Sind Sie schon mal ausgenützt worden? So passiert es einem nämlich bei zu großer Willfährigkeit. Die Flitterwochen sind vorbei, wenn Sie das Gefühl haben, daß der Partner sehr gut fährt, während Sie meistens leer ausgehen.

Der kalte Krieg

Nehmen wir also an, Sie wären ein Held und hätten sich auf die Hinterbeine gestellt. Was geschieht dann? Zuerst müssen Sie mit Protest rechnen, gewöhnlich in Form von Wehgeschrei, Schmollen, Streitereien und nicht selten ein paar Handgreiflichkeiten. Es wird also äußerst ungemütlich. Aber machen Sie sich nichts draus. Beim Hobeln fallen Späne.

Wenn sich ein Partner nicht durch Zureden dazu bringen läßt, wieder seine liebenswerte und großzügige Seite hervorzukehren, wird der andere zu Taten schreiten. Der Widerstand eines Mannes mag sich darin äußern, daß er zu trinken beginnt, nicht pünktlich nach Hause kommt oder kein Geld mehr abliefert. Eine Frau vernachlässigt vielleicht den Haushalt und die Mahlzeiten und wirft das Geld zum Fenster hinaus. Keiner der beiden hat viel Lust zu Sex, und so wird ihr Liebesleben verkümmern.

Jetzt ist das Stadium eingetreten, das ich den kalten Krieg nenne. Wie lange es dauert, und wer den Sieg davonträgt, hängt ganz davon ab, wie wichtig Sie die Sache nehmen, und wieviel Sie dafür riskieren wollen.

Mein Rat ist, abzuwarten und den Sturm über sich ergehen zu lassen. Denken Sie daran, daß es schlimmstenfalls zu einer Scheidung kommt, und die wäre vermutlich auch mit anderen Mitteln nicht zu vermeiden gewesen. Ihre Chancen, die Ehe zu

retten, verbessern sich sogar, wenn Sie sich als starke Persönlichkeit zeigen, die sich nicht die Butter vom Brot nehmen läßt. Wenn Ihr Partner lernt, Sie wegen Ihrer Selbstbehauptung zu respektieren, dann wird er Sie auch spürbar mehr lieben.
Ich halte es nämlich für unmöglich, jemanden zu lieben, den man nicht achtet, mit Ausnahme von Kleinkindern oder verkalkten Eltern oder Schwachsinnigen. Diesen Personengruppen lassen wir unsere Liebe angedeihen und fragen nicht viel nach Wertmaßstäben. Der reife Erwachsene muß dagegen der Liebe würdig sein und sie sich verdienen. Einem Fußabstreifer gegenüber kann man keinen Respekt haben und auch keine Liebe empfinden. So einfach ist das.
Ihr Partner wird sich nun eine Reihe von Taktiken und Manövern einfallen lassen, damit Sie wieder folgsam bei Fuß gehen. Sicher bekommen Sie an den Kopf geworfen, daß alles immer nach Ihrem Willen geschehen muß, während Sie ganz genau wissen, daß Sie in 90% der Fälle klein beigegeben haben. In einer »konzertierten Aktion« wird der Partner alle Register ziehen, weil Sie an seinen Leiden schuld sind, angeblich.
Lassen Sie die Vorwürfe an sich abprallen. Denn nun werden Sie emotional erpreßt. »Wenn du weiter so mit mir umspringst, bekomme ich eine Depression und muß wieder ins Krankenhaus«, ist die ausgesprochene Anklage, und dahinter versteckt sich die Botschaft »Hoffentlich fühlst du dich so schuldbeladen, daß du an deinem schlechten Gewissen erstickst, du gemeiner Mensch«.
Diese Angriffe können von Schmähungen, Handgreiflichkeiten, Untreue oder der Androhung von Scheidung oder Selbstmord begleitet sein. Diese Phase des kalten Kriegs kann Tage, Monate aber auch Jahre dauern.
Bei diesen Zerreißproben verliert der Schwächere oft die Nerven. Es sind aber 2 Dinge, die dem leidgeprüften Partner die Stärke zum Durchhalten geben. Erstens tragen die Angriffe dazu bei, daß er endlich etwas begreift, nämlich das Ausmaß der Demütigungen, dem er oder sie in der Vergangenheit ausgesetzt war und das er künftig nicht mehr zu tolerieren bereit ist. Zweitens wird er oder sie durch die psychologische Beratung

und die leidvoll erworbenen Erkenntnisse lernen, sich nicht mehr durch die Angst vor Zurückweisungen einschüchtern und sich keine Schuldgefühle oktroyieren zu lassen, weil man den Partner frustriert.
Wer diese Standpunkte verinnerlicht hat, wird genug Rückenstärkung haben, um die unzumutbaren Forderungen des Partners abzuwehren.
Der kalte Krieg kann lang und sehr frostig sein und die Geduld auf eine harte Probe stellen. Rechnen Sie mit 6–12 Monaten, nachdem Sie das Ultimatum gestellt und gravierende Veränderungen in der Ehe gefordert haben. Erklären Sie Ihrem Partner, daß er oder sie soundsoviel Zeit hat, um sich am Riemen zu reißen, und Sie ihn andernfalls verlassen. Das darf aber keine leere Drohung sein. Was Sie angekündigt haben, müssen Sie auch tun.
Haben Sie keine Angst, eine feste Haltung einzunehmen und damit eine Menge Aufruhr zu verursachen. Meistens kommt es nicht so schlimm, wie Sie befürchten. In den meisten Fällen werden Sie gewinnen, wenn Sie standhaft bleiben. Überrascht Sie das? Der Streit wird oft so hitzig, daß Sie sich keine Chance ausrechnen, die Oberhand zu bekommen. Machen Sie trotzdem nicht schlapp. Während der kalte Krieg schon fast zum heißen wird und Sie trotzdem nicht zurückstecken, werden Sie unmerkliche Erfolge erringen und der Tagessieger sein.
Ich habe erlebt, daß den angegriffenen Partnern jedes noch so neurotische Mittel recht ist, bis hin zum Krankenhaus, um den früher willfährigen Partner zu manipulieren. Aus dem Krankenbett vermitteln sie die Botschaft: »Siehst du, was du mir angetan hast? Du bist daran schuld, daß ich eine Überdosis Tabletten geschluckt habe / zu schnell gefahren bin.«
Lassen Sie sich dadurch nicht ins Bockshorn jagen. Ihre Heiratsurkunde sollte kein Gefängnisurteil sein. Sie haben einen Anspruch auf Zufriedenheit in dieser Partnerschaft, und wenn Ihrem Partner nichts besseres einfällt, als Sie niederzumachen, damit Sie weiterhin kuschen, dann kann er Ihnen gestohlen bleiben. Sie sind es also sich selbst schuldig, auf Ihren Rechten zu beharren, trotz seines Theaterdonners.

Die ehelichen Rechte

Die meisten Leute haben nicht die leiseste Ahnung, was ihnen als Partner im Geschäftsunternehmen Ehe zusteht. Deshalb will ich aufführen, was man rechtens voneinander erwarten kann. Werden diese Erwartungen nicht oder nur sporadisch erfüllt, bleiben Reibungen nicht aus.

Gemeinsamkeiten
In erster Linie haben Sie vermutlich geheiratet, um zusammenzusein und vieles gemeinsam zu unternehmen. Wenn also ein Partner seine Nase jeden Abend hinter Büchern vergräbt oder sich vor den Fernseher fläzt, können Sie sich mit Recht beschweren. Sie fühlten sich zu Ihrem Partner als gutem Freund hingezogen; wahre Liebende sind intensiv befreundet. Sie genießen die Gegenwart des anderen, und das Zusammensein ist so wichtig, daß es sich die Partner/innen von Piloten, Vertretern, Ärztinnen oder Sängerinnen genau überlegen sollten, weil sie viele Abende allein verbringen werden. Sie fühlen sich sonst leicht um ein wichtiges Element ihrer Ehe betrogen.

Sexuelle Befriedigung
Wenn Sie wochen- oder monatelang auf Sex verzichten müssen, ist das für Sie nicht zuträglich. Dazu brauchten Sie schließlich nicht zu heiraten. Sie können auch erwarten, daß Ihnen die sexuellen Praktiken behagen und wenigstens manchmal Befriedigung bringen. Wenn es sich nur darum dreht, ob Sie lieber morgens oder abends mit Ihrem Partner schlafen und er andere Tageszeiten bevorzugt, wird sich das regeln lassen. Wenn der eine lieber im Schlafanzug und der andere lieber nackt schläft, sollte jeder halbwegs zu seinem Recht kommen.

Weiterentwicklungsmöglichkeiten
Wichtiger als Sex ist die Möglichkeit, die eigene Persönlichkeit und die Fähigkeiten weiterentwickeln zu dürfen. Wenn es Ihnen ein Herzensbedürfnis ist, zu malen, dann sollten Sie sich dieses Recht nehmen. Es steht Ihrem Partner nicht zu, Sie

deshalb lächerlich zu machen und Ihnen für Ihre Tätigkeit keine Zeit einzuräumen. Wollen Sie Kurse besuchen oder studieren? Lassen Sie sich nicht abhalten. Sie sind berechtigt, Ihren Horizont zu erweitern, selbst wenn Ihr Partner sich durch Ihre Weiterentwicklung bedroht fühlt.

Reife als Entscheidungsgrundlage

Sie können von Ihrem Partner ein verhältnismäßig reifes Auftreten erwarten - aber nicht verlangen. Es kann nicht Ihre Lebensaufgabe sein, ihn oder sie auf Ihre Kosten glücklich zu machen, während Sie unglücklich sind. Jeder der Partner muß dafür sorgen, daß seine Wünsche und Bedürfnisse befriedigt werden, ohne sich dauernd an den anderen zu klammern. Wenn der eine beispielsweise wegen Kontaktscheu jeder Geselligkeit aus dem Weg geht, kann er vom anderen nicht verlangen, sich auch zu Hause zu verkriechen. Der Partner, der ein Problem hat, hat auch die Aufgabe, es zu lösen. Der Schüchterne muß also sein Handicap überwinden, aber darf den anderen nicht zwingen, sich seiner eingeschränkten Existenz anzupassen und sich im stillen Kämmerlein zu beschäftigen. Wenn er schon keine Anstalten macht, etwas gegen sein Problem zu unternehmen, wie kommen Sie dann dazu, ihm als Krücke zu dienen?

Respektierung der Privatsphäre

Manche Menschen müssen ab und zu allein sein. Wenn Sie Ihre Einsamkeit und Ruhe brauchen, nehmen Sie sie sich. Gewöhnen Sie Ihren Partner von Anfang an daran, daß er in regelmäßigen Abständen ohne Sie auskommen muß. Warum sollten Sie nicht allein in Ihrem Zimmer lesen, gelegentlich allein Reisen oder einsame Spaziergänge unternehmen? Auch wenn Ihre Eremitenanwandlungen auf Unverständnis stoßen, was macht's?

Kein Sklavendasein

Ein solcher Begriff mag in einem Buch über Liebe und Ehe merkwürdig erscheinen, ist aber durchaus berechtigt. Sklaverei bedeutet Leibeigenschaft, nämlich, daß Körper und Geist nicht mehr einem selbst, sondern einem anderen gehören. Leider herrscht in einigen Ehen keine gleichberechtigte Partnerschaft, sondern ein Verhältnis zwischen Herrscherin und Sklave oder Herr und Dienerin.

Einige Männer scheinen tatsächlich zu glauben, daß ihnen ihre Frau genauso gehört wie ihr Auto. Nachdem er sie geheiratet hat und für sie aufkommt, meint er auch bestimmen zu können, daß sie zu Hause bleibt, wie sie ihn verwöhnt und wann sie ihm sexuell verfügbar ist, während es ihm freisteht, abends nach Lust und Laune auszubleiben und seinen Liebhabereien nachzugehen. Genauso wahnsinnig ist es, wenn eine Frau glaubt, sie besitze den Ehemann und könne seine Gedanken und Taten wie bei einem Sklaven kontrollieren.

Im Gegenteil, es ist eines jeden moralisches Recht, daß die persönliche Würde und Freiheit nicht angetastet werden. Sie sind niemandes Leibeigene/r, weder vor noch in der Ehe. Im Ehegelöbnis ist von Liebe und Hingabe die Rede und nicht davon, daß über Sie wie über ein Möbelstück verfügt werden darf. Einem Paar mit einer gesunden Beziehung braucht man das nicht vorzuhalten. Sie wissen, daß sie ihre Partner aus freien Stücken erwählt haben und sie auch freiwillig wieder verlassen können. Wenn Ihnen irgendein Arbeitsverhältnis nicht paßt, steht es Ihnen ja auch frei, es zu beenden, sofern nicht spürbare Verbesserungen eintreten. Kein Chef würde es sich herausnehmen, Ihnen die Kündigung zu verbieten, denn er weiß genau, daß Sie ihm nicht gehören. Seltsamerweise wird in manchen Ehen dieses Grundrecht auf persönliche Freiheit und Integrität mißachtet oder verkannt, so daß der oder die eine versklavt wird. Dabei hatten beide zu Beginn Liebe gesucht.

Eine der häufigsten Klagen, die ich bei Eheberatungen zu hören bekam, war die Unterdrückung durch jähzornige und bevormundende Partner. Das läuft aber auf Sklaverei hinaus. An Sklaven wird die Wut ausgelassen, und sie werden herumkommandiert. Kein Wunder also, wenn eine solche Behandlung in einer Ehe auf heftigen Widerstand stößt. Doch bedenken Sie: Niemand kann über Sie verfügen, wenn Sie es nicht zulassen.

Ein fairer Anteil am Familieneinkommen

Wenn Sie die Brötchen verdienen, kommen Sie von dem hohen Roß herunter und hören auf zu glauben, das Geld gehöre Ihnen, weil Sie es nach Hause bringen. In einer Partnerschaft stehen allen Parteien die Gewinne zu gleichen Teilen zu.

Wo der Mann der alleinige Verdiener ist, hat die Frau zwar ihre Berufstätigkeit aufgegeben, nicht aber die Arbeit. Die Haushaltsführung mit den vielen Aufgaben und die Kindererziehung sind ein harter Job, und wer es nicht glaubt, soll es einmal versuchen. Wäre die Frau berufstätig, dann wäre sie finanziell unabhängig.

Da sie sich aber vom Arbeitsmarkt zurückgezogen hat, um ihre Aufgaben in einer ehelichen Partnerschaft zu übernehmen, ist es nur recht und billig, daß sie bei der Verteilung der Familieneinkünfte nicht nur ein Mitspracherecht hat, sondern auch selbst über ihren Anteil am Geld verfügt.

Leben mit einem neurotischen Partner

Von Zeit zu Zeit sind wir alle mehr oder weniger neurotisch. Die schwierigste Aufgabe in einer Ehe ist, mit einem gestörten Partner fertigzuwerden. Jeder kommt leicht mit einem Partner aus, wenn er ein Goldstück ist und sie ein Schatz. Dazu gehört kein besonderes Talent. Wenn Sie nicht frustriert werden und zu 99% erreichen, was Sie wollen, kann Ihre Ehe leicht wie geschmiert laufen.

Wenn es Konflikte gibt, wenn der oder die andere gereizt, unvernünftig, mißtrauisch, abweisend oder komisch wird, wird die Ehe auf eine Probe gestellt. Um mit solchen nervenaufreibenden Zuständen klarzukommen, sollten Sie einige wichtige psychologische Tatbestände verstanden haben.

Neurotiker benehmen sich neurotisch. Sie können nicht anders, als selbstsüchtig, tyrannisch, verzogen, gehässig und gemein zu sein, denn solche Verhaltensweisen sind ja neurotisch. Gestörte Menschen können sich unter Frustrationen nicht wie normale geben. Könnten sie das, dann wären sie ja keine Neurotiker. Sie brauchen sich also nicht zu wundern, wenn Ihre unter einem gigantischen Minderwertigkeitskomplex leidende Frau gelb vor Neid wird, wenn Sie ihrer Freundin wegen ihres hübschen Kleides Komplimente machen. Sie muß so reagieren, weil sie unsicher ist, und unsichere Menschen werden gegen alles und jeden aggressiv. Wäre ein beliebiger Herr Soundso an Ihrer Stelle, so hätte er nach etwa 3 Wochen genauso unter ihrem Gekeife zu leiden. Es ist also unangebracht, das neurotische Verhalten anderer persönlich zu nehmen; es hat nämlich nichts mit einem selbst zu tun. Die neurotischen Anwandlungen sind sozusagen der persönliche Stil und hausgemacht.

Anstatt sich also über ihre oder seine Verrücktheiten aufzuregen, wäre es viel gescheiter, gegenzusteuern, falls man es nicht über sich bringt, sie gelassen hinzunehmen.
Oder wissen Sie eine vernünftigere Reaktion? Sie können sich natürlich künstlich aufregen und so einem Fehlverhalten ein neurotisches Benehmen entgegensetzen, aber das hat Ihnen und Ihrem Partner gerade noch gefehlt.

Ein Mann mittlerer Jahre wollte von mir wissen, was er dagegen tun könne, daß seine Frau die Kinder mit konstanter Feindseligkeit behandelte. Sie setzte ihnen so zu, daß sie alle aus dem Haus gingen, sobald sie volljährig waren. Es stellte sich heraus, daß sie auf den legeren Erziehungsstil ihres Mannes neidisch war und die Dauerbeanspruchung der Kinderbetreuung nicht verkraftete. Ihn hatte das unweigerlich zornig gemacht, deprimiert und verwirrt. Sie wollte nicht in eine Beratung gehen. Was konnte er also machen?
Zuerst riet ich ihm, sich den Ärger zu verkneifen. Sie hatte die - wenn auch neurotische - Berechtigung, selbstsüchtig und eine bösartige Mutter zu sein. Sie fühlte sich in ihrer Haut bestimmt nicht wohl und fand ihre abweisende Haltung so störend wie er, aber ehe der Finger nicht auf die Wunde gelegt werden konnte, nämlich wie sie sich in die ekelhafte Laune versetzte und was sie sich einredete, war keine Hilfe möglich. Er und die Kinder mußten bei ihr mit allen möglichen Dummheiten und Übergriffen rechnen, eben weil sie neurotisch war.
»Aber sie ist nicht dumm«, protestierte der Ehemann.
»Natürlich nicht. Aber ihr Verhalten ist es«, erklärte ich ihm.
»Verzeihen Sie ihr und, sehen Sie sie als armes, irregeführtes Luder an, das nie gelernt hat, gütig zu sein und sich und andere als normale Menschen mit ihren Fehlern zu akzeptieren.«
»Einige der Dinge, die sie tut, könnte ich ihr schon vergeben, aber manche ihrer Attacken sind so unfair, daß ich sie einfach nicht durchgehen lassen kann.«
»Und ob Sie das können«, widersprach ich. »Wenn ich Ihnen jetzt eine Röntgenaufnahme des Schädels Ihrer Frau zeigen

würde, auf der ein dunkler Fleck auf einen Gehirntumor schließen läßt, würde das Ihre Einstellung ihr gegenüber ändern?«

»Selbstverständlich«, erwiderte er sofort, »mit einem Tumor wäre sie ja nicht in der Lage, ihr Denken und Handeln in vernünftigen Grenzen zu kontrollieren.«

»Stimmt. Wenn Sie aber verrücktes und unfaires Verhalten von ihr hinnehmen würden, falls sie unter einem Gehirntumor leiden würde, wieso können Sie dann nicht akzeptieren, daß sie gewissermaßen einen emotionalen Tumor hat? Das eine beeinträchtigt sie ebenso wie das andere.«

»Ich verstehe, worauf Sie hinauswollen. Ihr Benehmen gefällt mir so und so nicht, aber ich könnte es ja tolerieren und ihr keine Vorwürfe machen.«

Er begriff noch besser, worauf es mir ankam, als ich das Beispiel der Epilepsie anführte, wo sich niemand wundern würde, wenn sie sich ab und zu beim Hinfallen verletzte oder dabei Mobiliar zu Bruch ginge. Das passiert bei Epileptikern eben, und es wäre absolut hirnrissig, von ihnen zu verlangen, daß sie keine Anfälle bekommen und Sachen kaputtmachen, als täten sie das in böser Absicht.

Wenn Sie also einen neurotischen Partner zu Hause haben, können Sie nicht einfach fordern, daß er oder sie sein gestörtes Verhalten ändert. Sie müssen Ihre Einstellung ändern und von Ihren starren Vorstellungen abgehen, um in aller Freundlichkeit zu sehen, wie Sie Ihrem Partner von seiner Warte aus helfen können.

Ärger ist zerstörerisch

Wenn Sie Verständnis dafür haben, warum frustrierte, gestörte Personen keine andere Wahl haben, als ihre Störungen auszuleben, werden Sie sich automatisch das schlimmste Problem ersparen, das in einer Ehe auftreten kann: Ärger. Nichts ist für eine Beziehung vergleichsweise belastend.

Der psychologische Vorgang ist einfach: Sie reden sich ein, daß

Sie sich über die Ihnen vom Partner bereiteten Probleme erregen und ärgern müssen. Zuerst wünschen Sie sich, öfter und weitergehend zu Ihrem Recht zu kommen und Bedürfnisse befriedigt zu bekommen, beispielsweise mehr Sex oder mehr Respekt. Unmerklich wandeln Sie dann diese Wünsche insgeheim in Forderungen um und stehen auf dem Standpunkt: »Ich muß unbedingt mehr Sex haben« oder »Ich kann mir diese Nichtachtung nicht bieten lassen« oder »Er/sie darf nicht so verantwortungslos sein«.

Sobald Sie für sich bestimmen, was Ihr Partner muß oder nicht darf, er sich aber nicht fügt, steht Ihnen Ärger ins Haus. Solange Sie Ihre Wünsche aber als etwas formulieren, das Sie gern hätten, dann können Sie im schlimmsten Fall, wenn sie unerfüllt bleiben, enttäuscht oder ein bißchen traurig sein. Das Gefühl des Bedauerns ist etwas ganz anderes als der Ärger, in den man sich hineinzusteigern pflegt. Es hängt also von Ihrer Einstellung ab, ob Sie ärgerlich werden, und nicht davon, was andere tun.

Klingt das weit hergeholt? Es ist in der Praxis nicht so leicht, wie es erscheinen mag, weil kein Mensch zu jeder Zeit jeden Gedanken unter Kontrolle hat. Wären wir nicht Menschen mit unseren Fehlern, dann könnte jeder an sich feststellen, daß meine Theorie stimmt. Doch auch so ist es einen Versuch wert.

Frank ist ein gutes Beispiel dafür, wie Ärger eine Beziehung zerstören kann. Anscheinend hatte er sich durch einige der neueren Pornoheftchen animieren lassen. Nachdem er gelesen hatte, wie großartig Sex für andere Leute sein kann, fand er seine Betterfahrungen doppelt trist und nahm seiner Frau ihr zimperliches und puritanisches Gehabe sehr übel. Er wollte bei Prostituierten etwas von der Befriedigung erleben, die seine frigide Frau ihm nicht geben konnte.

Sie war eine gute Frau, loyal und fleißig, hatte aber auf sexuellem Gebiet große Hemmungen. Er durfte kein Sexbuch in das Regal zu den anderen Büchern stellen. Sie lehnte offene Gespräche über Sex ab und fand miteinander schlafen nur akzeptabel, um Kinder zu kriegen. Als »anständige« Frau kam von ihr in den 40 Jahren Ehe nicht einmal ein erotischer

Annäherungsversuch. Frank berichtete bitter: »Sex aus reinem Vergnügen war bei uns nicht drin.« Seinem tiefwurzelnden Ärger wollte er am liebsten durch Orgien mit Straßenmädchen Luft machen.

Frank meinte, seine Frau mache ihn so ärgerlich. Ich gab ihm zu bedenken, daß das nicht zuträfe, obgleich er bei ihr 40 Jahre vergeblich auf Entgegenkommen gewartet hatte. In Wirklichkeit machte er sich selbst immer ärgerlicher, weil er in kindischem Starrsinn darauf bestand, Sex nach seinem Kopf zu bekommen, da sie nicht das Recht habe, puritanisch und steif wie ein Brett zu sein. Selbstverständlich aber hat sie das Recht zu der Meinung, Sex solle nur der Fortpflanzung dienen, Literatur über Sex sei ebenso wie Gespräche schweinisch und sündhaft und eine Dame mache keinem Mann Avancen.

Frank und ich teilten die Meinung, daß ihre Ansichten überholt waren. Aber ihr steht auch das Recht zu, sich zu irren. Menschen, die sexuell schlechte Erfahrungen gemacht haben oder prüde erzogen wurden, benehmen sich dann ebenso wie Franks Frau. Sie können nichts dafür. Es ist ihr Problem und ihr Kreuz, das sie tragen müssen. Und gegen das sie nur aus eigenem Antrieb angehen können.

40 bittere Jahre lang hat Frank vergeudet und den Ärger an sich zehren lassen. Jemand mit der Bürde eines Problems (eines unzugänglichen Bettgenossen) kann wirklich auf das zweite (den konstanten Ärger) verzichten, zumal er ihn sich selbst antut.

Franks Ärger brachte ihn in einige andere Schwierigkeiten. Er genierte sich und bekam Schuldgefühle, die er unterdrückte. Seiner Frau offenbarte er nie das Ausmaß seiner sexuellen Frustration, und daher konnten die beiden auch keinen Anlauf zur Änderung ihrer neurotischen Haltung nehmen.

Anstatt seinen Groll zu pflegen, hätte er gut daran getan, eine Erleichterung für seine Frustration zu suchen. Doch das verbot er sich meistens, denn er ließ sich vom Ärger leiten, anstatt zielorientiert zu handeln. Unweigerlich machte ihn der unterdrückte Ärger zum Zyniker. Weil er sich schwertat, nett zu ihr zu sein, konnte sie auch nicht recht über ihren Schatten springen und zu ihm nett sein. 40 Jahre lang gaben beide keinen Millimeter nach.

Am häufigsten hörte ich von Betroffenen in meiner Praxis die Klage über einen dominierenden und ärgerlichen Ehemann. Viele hielten das für die Hauptursache ihres Unglücklichseins. Deshalb bleibe ich bei meiner Behauptung, daß Ärger einer der schlimmsten Störfaktoren in einer Ehe ist. Gleichgültig wie unerträglich die Frustrationen auch sein mögen, Sie machen sie immer hundertmal schlimmer, wenn Sie sich chronisch darüber ärgern. Gelegentliches Aufbrausen kann einer Partnerschaft durchaus zuträglich sein, auch wenn das schon eine Energieverschwendung ist. Das reinigt die Atmosphäre. Aber nur selten sollte man sich Ärger leisten. Wenn Sie standfest bleiben und Ihre Ehe ohne aggressive Szenen managen, dann haben Sie einen hohen Reifegrad erreicht.

Machen wir uns doch nichts vor, wer eine meckernde und heimtückische Person liebt, verdient einen Heiligenschein. Wie soll man denn einem Menschen nahe und zugeneigt sein, der an allem herumkritisieren muß? Den sprichwörtlich die Fliege an der Wand ärgert. Ursprünglich haben Sie doch geheiratet, weil von Ihrem Partner mit einer gewissen Berechtigung bestimmte Vorteile zu erwarten waren. Wenn er oder sie aber zum leicht erregbaren Typ gehört, ist doch vorauszusehen, daß Sie über kurz oder lang unglücklich sein werden. Ärgerliche Leute müssen immer und überall ihren Kopf durchsetzen - wo bleiben dann Ihre Wünsche? Sie haben den Menschen geheiratet, weil er versprach, für Sie etwas zu tun. Ein leicht in Zorn geratener Mensch hält es für sein Privileg, immer nur von Ihnen zu nehmen und Ihre Wünsche zu ignorieren. Sie bekommen nie, was Sie wollen, weil Sie nicht zählen.

Am besten kommt man mit einem Ärgerlichen klar, indem man selbst seinen Ärger beherrscht und freundlich und rücksichtsvoll auftritt. Je mehr der Partner tobt, desto gelassener und freundlicher sollten Sie werden. Es ist nämlich nicht gut möglich, jemanden anzubellen, der alle Gefühlsausbrüche an seiner Liebenswürdigkeit abprallen läßt.

Vielleicht fragen Sie sich, ob Sie durch unerschütterliche Freundlichkeit nicht doch den kürzeren ziehen und sich beherrschen lassen. Das ist natürlich eine gewisse Gefahr, aber nur, wenn Sie Liebenswürdigkeit und Rücksichtnahme mit Zustimmung verwechseln. Sie können Ihrem Partner Dinge verweigern und anderer Meinung sein, ohne es an Höflichkeit und Nettigkeit fehlen zu lassen. Nicht ärgerlich und gereizt zu sein, ist doch kein Zeichen von Schwäche. Vertreten Sie Ihren Standpunkt unemotional, aber mit Nachdruck. Wenn Sie eine solche Haltung einige Monate durchstehen, müßte es schon mit dem Teufel zugehen, wenn Ihr Partner nicht etwas einlenkt. Vergessen Sie nicht, je widerlicher er oder sie sich aufführt, desto netter (aber unbeugsamer) reagieren Sie.

Wie man mit Anschuldigungen umgeht

Ungerechte Vorwürfe führen sehr häufig zu getrübten Beziehungen, besonders in einer Ehe. Wenn man nicht lernt, mit solchen Kränkungen umzugehen, wird man sich in Kürze in lautstarken Szenen wiederfinden.

Wenn Ihr Partner Sie beschuldigt, geizig zu sein, sollten Sie sich zuerst fragen, ob die Behauptung zutrifft. Überlegen Sie sorgfältig, ehe Sie entscheiden. Sofern Sie zu dem Schluß kommen, daß etwas dran ist, folgt die nächste wichtige Frage, nämlich ob Sie das stört.

Wenn Sie nur ungern ein Geizhals sein mögen und zugeben müssen, daß Sie in letzter Zeit sehr auf den Pfennig geschaut haben, besteht kein Grund, auf die Palme zu gehen, nur weil Sie darauf aufmerksam gemacht wurden. Statt dessen sollten Sie Ihrem Partner sagen: »Danke, daß du mir gesagt hast, wie gemein ich gewesen bin. Nur jemand, dem an mir liegt, hat den Mut zu so einer kritischen Bemerkung. Ich will ja nicht engherzig mit meinem Geld umgehen und werde künftig darauf achten, daß das nicht mehr geschieht.«

Ist die Anschuldigung überdies begründet, besteht doch kein Anlaß zu Schuldgefühlen oder Depressionen. Sie haben also ein paar große Fehler. Wer hat die nicht? Schließlich ist das menschlich. Es wäre verfehlt, wegen dieses einen Aspekts Ihres Verhaltens ein Werturteil über die ganze Person abzugeben. Anstatt also in Selbsthaß und Selbstvorwürfe zu verfallen, wäre die Zeit nützlicher damit verbracht, sich Lösungsmöglichkeiten zu überlegen.

Es kann aber auch sein, daß die Anschuldigung ins Schwarze trifft, Sie das Verhalten oder die Eigenschaft aber nicht für einen Fehler halten. Sie stimmen also zu, daß Sie geizig sind, finden aber Sparsamkeit angebracht und eine Tugend. Warum sollten Sie also aufbrausen, wenn Ihr Partner etwas kritisiert, was Sie als Vorzug ansehen, selbst wenn der Vorwurf negativ gemeint war?

Wir neigen dazu, uns mit gewissen Gewohnheiten ganz wohl zu fühlen, bis sich jemand darüber beschwert. Dann plötzlich fragen wir uns, ob mit uns etwas nicht stimmt.

Das passierte Louis. Seine Frau warf ihm vor, er verhätschele seine Mutter. Zuerst reagierte er abweisend, weil er sich angegriffen fühlte. Später mußte er zugeben, daß er viele Rücksichten auf sie nahm, aber er fand das in Ordnung. Louis fühlte sich ihr wegen der vielen Wohltaten, die sie ihm erwiesen hatte, verpflichtet. Es bereitete ihm Vergnügen, sie zu verwöhnen. Das hatte sie unzählige Male mit ihm gemacht, ohne daß es ihn in seinen Augen verdorben hätte. Seiner Frau war das zu viel, aber ganz konnte er ihr nicht zustimmen. Es hat noch keinem geschadet, ein bißchen verwöhnt zu werden, meinte er.

Die 3. Möglichkeit, mit einem Vorwurf ohne Ärger fertig zu werden, betrifft den Fall, daß Sie zu unrecht beschuldigt werden. Sie sind keineswegs geizig, sondern haben sich als überaus großzügig erwiesen. Sie haben oft auf eigene Wünsche verzichtet und sind von dem ungerechten Vorwurf schockiert. Wie soll man unter solchen Umständen die Ruhe behalten?

Indem man dem Partner das Recht einräumt, unrecht zu haben. Sie müssen die Tatsache akzeptieren, daß er oder sie der Meinung sein darf, Sie seien geizig und selbstsüchtig; dadurch schützen Sie sich vor dem inneren Aufbegehren, das Ihre Ehe

sonst bedroht. Wenn der Vorwurf falsch ist, ist er eben falsch. Warum sich über die Unzulänglichkeiten anderer Menschen aufregen?
Mit dieser Haltung läßt sich jede falsche Anschuldigung abwehren. Wenn jemand Sie einen Tagedieb, eine Tunte, einen Säufer oder eine Schlampe schimpft, nehmen Sie es nicht persönlich. Entweder Sie sind es, oder Sie sind es nicht. Trifft Sie der Vorwurf nicht, lächeln Sie den Beleidiger an und sagen: »Vielleicht hast du recht, aber ich glaube es nicht. Aber jedem das seine.«
Wenn Sie diesen Rat exakt beherzigen, werden Sie feststellen, daß Sie dadurch bestimmen, ob in fast jeder Beziehung Harmonie oder Haß herrscht.

Eifersucht

Manche Leute baden förmlich darin, den Partner gelb vor Eifersucht zu sehen. In ihren Augen bedeutet das eine tiefe und dauerhafte Liebe und einen Ausdruck von Anteilnahme und Hingabe. Das mag ja sein, aber meiner Erfahrung nach ist Eifersucht wie Tabascosoße - mit einem kleinen Tröpfchen erreicht man die gewünschte Wirkung.
Chronische Eifersucht ist ein heimtückisches und sehr gefährliches Problem, das eine unüberbrückbare Kluft zwischen den Partnern aufreißen kann.
Wenn Ihr Mann Sie nicht einkaufen gehen läßt, weil Sie sich beim letzten Mal die Freiheit herausnahmen, einige Freunde ohne seine Genehmigung zu treffen, dann werden Sie begreifen, wie angenehm und gesund es ist, auf eine so neurotische Weise geliebt zu werden.
Wenn Sie ein paar Minuten zu spät nach Hause kommen und in ein Kreuzverhör genommen werden, wen Sie getroffen haben, dann haben Sie einen Vorgeschmack auf den Alptraum »Eifersucht«.
Wenn Ihre Frau in Tränen ausbricht, weil Sie auf der Weihnachtsparty ein paar Worte mit einer vollbusigen Schönheit

gewechselt haben, seien Sie wachsam. Sobald Sie sich mit einem weiblichen Wesen – das kann sogar eine ihrer Freundinnen sein – unterhalten, wird sie über Sie herfallen.
Eifersucht in solchen Maßen ist nervenzerfetzend und jeder Ehe abträglich. Was bringt diesen Dämon zum Vorschein? Der eigene Minderwertigkeitskomplex. So ist es. Wenn Sie Ihrem Partner die Hölle heiß machen, weil Sie eifersüchtig sind, geben Sie damit zu, daß Sie sich wertlos und unsicher fühlen.
Das sind die psychologischen Hintergründe: Sie fühlen sich bedroht, möglicherweise die Liebe Ihres Partners einzubüßen, weil Sie kein Selbstvertrauen haben. Sie befürchten, daß jeder Hinz und Kunz oder jede Trine und Suse Sie ausstechen kann. Wie gering müssen Sie sich einschätzen, wenn Sie glauben, im Vergleich zu jedem anderen den kürzeren zu ziehen! Und das mag sogar Eltern oder Kinder mit einschließen.
Hätten Sie mehr Selbstachtung und von sich selbst eine bessere Meinung, dann kämen Sie gar nicht auf den Gedanken, andere könnten für Sie eine Bedrohung sein. Sie würden sich allenfalls überlegen, was der andere mehr zu bieten hat. Und selbst wenn Ihnen der Partner oder die Partnerin ausgespannt wird, halten Sie sich für begehrenswert genug, um jemand anderes zu finden. Warum sollten Sie also ins Grübeln kommen? So etwa wäre die Einstellung einer selbstsicheren Person.
Ist es klug, die Bedenken Ihres eifersüchtigen Partners zu beschwichtigen und zu versuchen, die endlosen Fragen im Kreuzverhör geduldig zu beantworten? Sicher nicht mehr als ein paarmal. Ansonsten sollten Sie sich außer höflichen Äußerungen des guten Willens jedes weitere Wort sparen.
Es gibt nichts anderes, um die Fragerei zu stoppen und die bohrende Neugier zu befriedigen, als ein Schuldbekenntnis. Sie können ableugnen, mit einer/einem anderen geschlafen zu haben, bis Sie schwarz im Gesicht sind, ohne daß man Ihnen glauben wird. Ihr Partner lauert darauf, daß Sie sich einmal verhaspeln und indirekt alles zugeben. Das glaubt er oder sie dann unbesehen. Wenn Ihr Partner auf die Palme geht, weil Sie nicht mit der erwarteten Antwort herausrücken, können Sie nur vorschlagen, sich in Therapie zu begeben, um das Eifersuchts-

problem in den Griff zu bekommen und Ihnen nicht länger auf die Nerven zu fallen.

Sexuelle Störungen

Sex ist einer unserer stärksten Triebe, aber auch Anlaß zu ziemlich neurotischen Komplikationen. Zu den häufigsten Störfaktoren in Ehen gehört auf diesem Gebiet die Unfähigkeit zum Orgasmus, sowohl bei Männern wie bei Frauen. Impotenz ist bei Männern die häufigste Ursache, Frigidität bei Frauen. Mir gefallen diese Etiketts nicht, weil damit ein angeblich irreversibler Zustand beschrieben wird – sozusagen einmal frigid, immer frigid. Nichts ist so falsch. Sofern keine körperlichen Schäden vorliegen, treten Orgasmusschwierigkeiten im allgemeinen aufgrund von Angst vor wiederholtem Versagen, von Schuldgefühlen, weil man Sex mit Lust zu betreiben versucht, oder aufgrund von Ablenkung durch äußere Umstände auf.

Toni war ein vollblütiges, kerngesundes Mannsbild, sein Leben lang viril und ein wahrer Bulle im Bett und überdies sehr charmant. Da passierte eines Tages etwas im Betrieb, das ihm einen Schlag versetzte. Er wurde zugunsten eines Mannes, den er ausgebildet hatte, bei der Beförderung übergangen. Vor den anderen ließ er sich nichts anmerken, aber er nahm es sich sehr zu Herzen. Kurz darauf konnte er eine Erektion nicht lange genug halten, um seine Frau zu befriedigen. Die Dinge wurden immer schlimmer, bis sogar die Erektion ausblieb. Das jagte ihm einen solchen Schrecken ein, daß er in meine Beratung kam.

Tonis Problem war leicht zu diagnostizieren. Die Demütigung im Betrieb nagte so an ihm, daß er sie auch im Bett nicht vergessen konnte. An eine berufliche Zurücksetzung zu denken, hat nichts mit sinnlichen Phantasien zu tun – die aber sind nötig, wenn der Geschlechtsverkehr klappen soll. Toni mußte also lernen, abzuschalten und die beruflichen Probleme zu vergessen, damit er sich im Schlafzimmer wieder auf lustvolle sexuelle Vorstellungen konzentrieren konnte.

Sexuelle Vorstellungen kreisen um den Körper des Partners oder der Partnerin, die Form, den Duft, die Berührung, und sind mit Liebesgeflüster gewürzt. Wenn Sie dafür gerade keinen Sinn haben, wird Sie auch keine Erregung erfassen.

Toni betonte aber immer wieder, er würde die ganze Zeit an Sex denken, wenn er mit seiner Frau zusammen war. Der Gedanke an die Erektion verfolgte ihn dauernd - das meinte er damit. Doch das ist etwas anderes als erotische Vorstellungen. In Wirklichkeit brütete er darüber nach, wie furchtbar es sei, wenn er schon wieder bei seiner Frau versagte. Er müsse schon ein sehr neurotischer und unmännlicher Kerl sein, wenn er sie nicht bald befriedigte. Zu guter Letzt überlegte er, ob er nicht ein verkappter Homosexueller sei. Das verstand er unter »an Sex denken«. Das Gegenteil war der Fall. Ein solcher Teufelskreis von Überlegungen dreht jede Libido ab wie eine kalte Dusche.

Ich erklärte ihm immer wieder, daß er ein normaler Mann sei und seine Frau wieder befriedigen könne, sobald er sich die Gedanken an den Betrieb und die entgangene Beförderung und die damit verbundene vermeintliche Demütigung aus dem Kopf schlug. Jeden Gedanken an eine mögliche mangelhafte Erektion sollte er ebenfalls verbannen. Statt dessen sollte er sich die Körperregionen seiner Frau ausmalen, die er am erregendsten fand. Wenn er diese Instruktionen einhielt, garantierte ich ihm Heilung. Wenn er nicht so auf den Erfolg versessen wäre, würde er sich mehr entspannen und es dadurch leichter schaffen.

Das ist natürlich leichter gesagt als getan. Zum Glück gibt es noch eine andere Lösung. Wenn er die Erektion nicht halten konnte, instruierte ich Toni, sollte er seine Frau bis zum Orgasmus streicheln und manipulieren. Er brauchte also keinen Penis. Es führen andere Wege zum Orgasmus, und es gibt keinen Grund, sie zu ignorieren. Wenn er sich also keine Sorgen zu machen brauchte, die sexuellen Wünsche seiner Frau zu erfüllen, dann war auch der Druck von ihm genommen, im Bett Leistung zeigen zu müssen. So geschah es auch, und bald war er wieder der alte.

Wir müssen uns von der Idee trennen, daß Geschlechtsverkehr die einzig mögliche Befriedigung zwischen Männern und Frauen ist. Es ist eine großartige Methode, aber nicht die einzige. Toni hatte auch ohne funktionierenden Penis eine Weile ein sehr befriedigendes Liebesleben. Frauen können sexuelle Erfüllung auch ohne Penetration erreichen.
Viele Frauen kommen durch Geschlechtsverkehr allein nicht zum Höhepunkt. Sie bedürfen zusätzlicher Stimulation, besonders der Klitoris. Nur in seltenen Fällen bestehen körperliche Hindernisse. Da Frauen länger brauchen, um in höchste Erregung zu kommen, müßten sie also von einem zartfühlenden und geduldigen Mann in die Kunst des Liebens eingeführt werden. Wenn sie keinen Orgasmus erleben, halten sie das fälschlich für ihre Schuld - einige flippen dann aus und suchen sich die merkwürdigsten Bettgenossen, um bei irgendeinem Penis Erlösung zu finden. Was sicher gelingt, sofern sie nicht nur auf hastige Männer treffen.
Auf jeden Fall sollten auch sie sich entspannen, anstatt sich vor Anstrengung und Sorge zu verkrampfen. Damit nämlich vertreiben auch sie die angenehmen und lustvollen Phantasien, die einen Orgasmus fördern. Träumen Sie lieber von Ihrem Lieblingsstar, statt an Ihren Mann zu denken, ohne Schuldgefühle, denn die verhindern ja die Lust.
Frauen fällt es im allgemeinen schwerer als Männern, den oder die Partner/in auf die erogenen Zonen hinzuweisen. Doch selbst wenn ihnen die Worte fehlen, können sie ihre Wünsche durch Gesten ausdrücken.
Vergessen Sie also Begriffe wie Impotenz und Frigidität. Sie allein schon können Ihnen die Leidenschaft versauern. Gehen Sie davon aus, daß Sie eben eine Periode störender Einflüsse durchmachen, die nicht anhalten wird, wenn Sie sich Schuldgefühle und Sorgen sparen. Wenn Sie trübe Gedanken verbannen und in sexuellen Bildern schwelgen, wird die Krise bald vergehen. Bei entsprechender Rücksichtnahme.
Manchmal taucht bei Paaren auch die Frage auf, ob der eine oder die andere vielleicht homosexuell sei. Die zuerst auftretenden Selbstzweifel machen das Zusammenleben schwer. Ebenso

wie in jedem Mann weibliche Neigungen und wie in jeder Frau männliche Neigungen vorhanden sind, können die homosexuellen Tendenzen mehr oder weniger stark ausgeprägt sein. Wenn sie sich bei Freundinnen wohl fühlt und er gern die Gesellschaft seiner Freunde sucht, ist das noch kein Anzeichen für Homosexualität.
Sollte sich Ihr Verdacht erhärten und Sie nicht länger abwarten wollen, wie die Dinge sich entwickeln, steht es Ihnen frei, Ihrem Partner oder Ihrer Partnerin klar und deutlich zu verstehen zu geben, daß Sie dies nicht dulden werden.

So unterstützt man die Neurosen

Sollte sich Ihr Mann oder Ihre Frau über längere Zeit depримiert, erregbar, nervös, eifersüchtig oder sehr unzuverlässig zeigen, dann sollten Sie Ihr eigenes Verhalten überprüfen, ob Sie nicht unwissentlich das neurotische Benehmen ermutigen.
Vielleicht ist es Ihnen ein Dorn im Auge, daß er immer seine Kleider herumfliegen läßt. Unterläßt er es monatelang, sie aufzuräumen, dann spricht alles dafür, daß Sie ihm die Schlamperei angewöhnt haben. Das erstaunt Sie?
Sie können doch nicht wie ein Zimmermädchen hinter ihm herräumen, ohne zu merken, daß ihn das direkt herausfordert, seine Sachen hinfallen zu lassen, wo er gerade geht und steht. Sie bedienen ihn ja. Und Ihre Handlungen sprechen eine deutlichere Sprache als Ihre Ermahnungen und selbst Ihr Gekeife. Solange Sie schimpfen, daß Sie nicht seine schmutzigen Socken auflesen wollen, es aber tun, hat er keinen Grund, seine schlechte Gewohnheit zu ändern. Sie erziehen ihn dazu, seine Klamotten hinzuwerfen, wo es ihm paßt. Würden Sie sie herumliegen lassen, hätte er schnell kapiert, daß es so nicht geht.
Dieses Verhaltensmuster wird sehr komplex und ist dann faszinierend zu beobachten.

> Nehmen Sie Jochen und Franziska. Wenn ihn das Durcheinander im Haushalt stört, brüllt er sie an und hält ihr seine Schwester als makellose und perfekte Hausfrau vor. Er tut

das, weil er aus jahrelanger Erfahrung weiß, daß die Zurechtweisung und der Vergleich ihr auf die Nerven fallen. Wie kam er dahinter? Weil sie sich empörte und dann in Tränen auf das Bett warf. Sobald sie weinte, ließ er sie in Ruhe. Mit anderen Worten brachte sie ihm bei, sie anzubrüllen, weil sie erst dann reagierte. Er wiederum erzog sie zu ihren Tränenausbrüchen, weil er sich dann sofort mit ihr versöhnte. Er wurde also für sein Geschrei belohnt, sie für ihre Tränen. Verstehen Sie nun, warum das jahrelang so weiterging?

Wenn Sie wegen Ihrer langen Haare Komplimente hören, ist es unwahrscheinlich, daß Sie Ihre Frisur ändern. Verhaltensweisen, die gelobt werden (oder auch nur geduldet), werden beibehalten oder prägen sich aus. Und das trifft natürlich auch auf neurotisches Verhalten zu.

Das geschieht die ganze Zeit und überall. Wenn Sie Ihr Kind beauftragen, das Geschirr in die Küche zu tragen, und es folgt nicht, wiederholen Sie die Aufforderung. Beim dritten Mal schreien Sie es an. Daraufhin springt es auf und erledigt den Auftrag. Was ist geschehen? Spontan würden Sie sagen, Sie haben das Kind erzogen. Stimmt. Aber wozu?

Bei näherem Hinsehen werden Sie feststellen, daß Sie das Gewünschte erst durch Gebrüll erreicht haben. Sie haben dem Kind beigebracht, zu warten, bis Sie schreien, als Zeichen, daß Sie es ernst meinen. Wenn Sie das nächste Mal etwas befehlen, wird das Kind erst reagieren, wenn Sie wütend werden, weil es weiß, daß vorher nichts passiert. Hätten Sie es ruhig nach dem ersten Ungehorsam bestraft, könnten Sie sich in Zukunft Ihr Herumgebrüll ersparen.

Das Kind hat allerdings auch Sie dressiert. Es bewegt sich erst, wenn Sie zornig werden. Das heißt, daß es Sie im Griff hat, weil es Sie nämlich erst dann mit dem gewünschten Betragen belohnt, wenn Sie brüllen. Das Brüllen zahlt sich aus – und wenn Sie wieder einmal etwas von dem Kind verlangen, wissen Sie, daß Sie es das letzte Mal mit Anbrüllen erreicht haben und das vermutlich wieder wirken wird.

Haben Sie sich schon einmal überlegt, warum Sie von anderen ausgenützt werden und warum die sich alles mögliche heraus-

nehmen? Es wird Ihnen nicht passen, aber Sie üben den anderen dieses geringschätzige Verhalten ein, weil Sie sich herumkommandieren und alles gefallen lassen. Wenn die anderen durch herrisches Auftreten bekommen, was sie wollen, warum sollen sie sich dann ändern?
Das bedeutet, daß Sie sich genau überlegen müssen, was Sie im allgemeinen tun, wenn Sie öfter mit einer anderen Person zusammenstoßen. Es würde mich wundern, wenn Sie beide sich nicht in neurotischem Verhalten bestärkten, ohne es zu merken.

Ist Ehrlichkeit immer angebracht?

Unter den meisten Umständen ist Ehrlichkeit die beste Politik. Voraussetzung wäre allerdings, daß Ihr Partner oder Ihre Partnerin einen gewissen Reifegrad erreicht hat und nicht so labil ist, daß die Wahrheit sie oder ihn umwirft. Schließlich haben die Psychologen immer wieder betont, daß Aufrichtigkeit ein wichtiger Bestandteil einer glücklichen Ehe ist. Und hat man Ihnen nicht beigebracht, daß Sie das Vertrauen Ihres Partners unwiederbringlich verlieren können, wenn Sie ihm oder ihr gegenüber nicht ehrlich sind?
Das stimmt alles, aber ich finde doch, daß man das nur mit Menschen machen kann, die die Wahrheit auch verkraften. Rückhaltlose Ehrlichkeit bei manchen Menschen wäre das gleiche, wie einem Baby eine Rasierklinge zu geben. Überlegen Sie sich die Auswirkungen, wenn Ihr Partner von Ihnen wissen will, ob Sie die Ehe mit ihm oder ihr jemals bedauert haben. Wenn Ihnen solche Gedanken schon einmal kamen und Ihr Partner ein schwaches Nervenkostüm hat, haben Sie in ein Wespennest gestochen. Offensichtlich wäre also völlige Offenheit einem solchen Menschen gegenüber verfehlt.
Das stört die Rechtschaffenen unter Ihnen? Betrachten Sie es einmal von folgender Warte: Würden Sie jemandem Garnelen anbieten, der dagegen allergisch ist? Würden Sie Ihren Freund betrunken machen, obgleich Sie wissen, daß er noch heimfah-

ren muß? Würden Sie Ihrem Sohn die Wagenschlüssel überlassen, wenn er gerade erst den Führerschein gemacht hat? Ich bezweifle es. Deshalb halte ich es auch für vernünftiger, jemandem die Wahrheit zu ersparen, der sie nicht verkraften kann.
Soll das heißen, daß Sie wichtige Dinge nicht an Ihren Partner herantragen sollen, wenn Sie den Verdacht haben, es könne ihn oder sie aufregen? Das wäre eine unrealistische Forderung.
Gesetzt den Fall, Sie wollen sich unbedingt scheiden lassen. Sie müssen damit rechnen, daß Ihr Partner darauf mit Hysterie, Depression, Trinken oder vielleicht sogar einem Selbstmordversuch reagieren wird. Ist es dann moralisch vertretbar, den Partner mit der bitteren Wahrheit zu konfrontieren? Meiner Meinung nach geht kein Weg daran vorbei, standhaft die eigene Überzeugung zu vertreten, selbst wenn es dazu führen mag, daß beim anderen so heftige Störungen auftreten, daß er oder sie ins Krankenhaus oder in psychotherapeutische Behandlung muß. Wenn Ihnen eine Sache sehr am Herzen liegt, dürfen Sie sich vom neurotischen Gehabe anderer nicht aus dem Konzept bringen lassen.
Sie brauchen kein schlechtes Gewissen wegen der Störungen zu haben, weil nicht Sie sie hervorgebracht haben, sondern die Betroffenen selbst. Das trifft sogar auf Selbstmordversuche zu. Denn nicht Sie treiben einen anderen Menschen zu so verzweifelten Maßnahmen – er oder sie tut sich das selbst an.
Wann ist es dann angebracht, schmerzliche Wahrheiten vom Partner fernzuhalten? Wenn Sie sich mit dem Verschweigen nicht ins eigene Fleisch schneiden, und wenn Sie glauben, daß es niemandem Gewinn bringt, wenn Sie den anderen nicht ins Vertrauen ziehen.
Spielt es denn beispielsweise eine Rolle, wenn Sie nicht gestehen, vor der Ehe eine ernste Liebesgeschichte erlebt zu haben? Zum einen geht es den Partner nichts an. Und andererseits würde es ihn oder sie möglicherweise kränken, wenn er etwas über die Vergangenheit erfährt – warum also schlafende Hunde wecken? Derjenige, dem etwas verschwiegen wird, trägt dafür die alleinige Verantwortung. Wäre er nicht so labil und weniger neurotisch, könnte man ihm oder ihr ruhig alles anvertrauen.

Wenn Ihnen Ihr Partner das nächste Mal vorwirft, Sie würden ihm oder ihr die volle Wahrheit vorenthalten und das sei mies, weisen Sie die Verantwortung von sich. Erklären Sie Ihrem Partner, daß Sie bereit sind, mit der vollen Wahrheit herauszurücken, sobald er oder sie sich ihr gewachsen zeigt und nicht mit Jammern, Meckern, Weinen, Vorwürfen, Anschuldigungen, Drohungen und Selbstmitleid reagiert. Dafür hat keiner Verwendung. Gezeter braucht jeder so dringend wie ein Loch im Kopf.
Um zu sehen, wie hart Ihr Partner im Nehmen ist, müßten Sie ausprobieren, die Wahrheit in kleinen Dosen zu reichen. Die in vielen Ehen beliebte Praxis, dem anderen sicherheitshalber gar nichts zu sagen und keine offenen Gespräche zu führen, ist auch verfehlt. Ein solcher Schongang führt nur zu unendlichen Mißverständnissen.

Strengen Sie sich an!

Dieses Buch handelt von Liebe und Ehe und wie man in beidem glücklich werden kann. Dabei halte ich es für sehr wichtig, daß Sie so reif wie möglich werden und lernen, mit den neurotischen Gewohnheiten Ihres Partners umzugehen, die zwar enervierend, aber nicht unheilbringend sind.

Weit mehr Ehen würden zufriedenstellend verlaufen, wenn wir uns einfach nicht durch die Partner aus der Ruhe bringen ließen. Sicher müssen wir immer wieder mit unvernünftigem Verhalten fertig werden, aber das wird nur dann zu Spannungen führen, wenn wir dies zulassen oder gar fördern. Um ein pflegeleichter und angenehmer Partner zu sein, müssen wir unsere natürliche Neigung bekämpfen, aus Mücken Elefanten zu machen. Am schwierigsten dürfte das Zusammenleben - abgesehen von ernstlich gestörten Personen - mit einem Menschen sein, der immer überreagiert.

Wie angenehm ist es dagegen, sich dumm anstellen zu dürfen, ohne vom Partner Vorhaltungen zu hören. Wie wohl fühlt man sich, wenn man mit allen Fehlern akzeptiert wird. Wie gern ist man mit einem Menschen zusammen, der die Gemeinsamkeiten zwar genießt, aber nicht gleich aus der Haut fährt, wenn man sich gelegentlich verspätet. Mit einer solchen Haltung der Zuneigung und Entspanntheit wird eine emotionale Atmosphäre geschaffen, die beiden gut bekommt. Ihre Ehe wird blühen und gedeihen, wenn die Anwesenheit des anderen öfter als Freude denn als Störung empfunden wird.

Das heißt auch, daß man Zank und Machtkämpfe auf ein Minimum beschränkt. Wenn Sie gegen etwas an Ihrem Partner Einwände haben, bringen Sie sie auf positive Weise vor, um zu einer Besserung zu ermutigen. Nur wenn Unsitten außer Kontrolle geraten, sind ernstere Maßnahmen und Korrekturen angebracht.

Auf einen einfachen Nenner gebracht könnte mein Rezept für eine glückliche menschliche Beziehung so lauten:

1. Ärger ist der schlimmste Feind einer guten Ehe. Bleiben Sie freundlich, höflich und rücksichtsvoll, selbst wenn Sie fest auftreten und Ihren Standpunkt verteidigen müssen.
2. Wenn die Liebe alles überstehen soll, ist es wichtig, den Partner zu akzeptieren und ihm mit allen menschlichen Schwächen zu vergeben. Selbst bei der größten Liebe werden Sie mit der Zeit die Mängel an Ihrem Partner erkennen. Akzeptieren Sie sie frohen Herzens, wie Sie auch Ihre seltsamsten Eigenheiten akzeptiert haben möchten.

Wenn Sie diese beiden Grundsätze beherzigen, wird sich vermutlich auch Ihre Ehe zum Besseren wenden. Aber Sie müssen an dieser Aufgabe genauso ernsthaft arbeiten wie an einer Aufgabe in Ihrem Beruf. Die Ehe ist ein von Liebe erfülltes Geschäft, und die meisten Regeln des Geschäftslebens lassen sich auf sie anwenden. Die Ehe ist allerdings ein besonderes Geschäft. Sie kann stärker oder schwächer, angenehmer oder frustrierender, dauerhafter oder zerbrechlicher, glückbringender oder schmerzlicher sein als jede andere Beziehung zwischen Erwachsenen.

Möge Ihr Leben mit dem Menschen Ihrer Wahl auf ewig eng verbunden und glücklich sein.

Autogenes Training zum Wohl der Gesundheit.

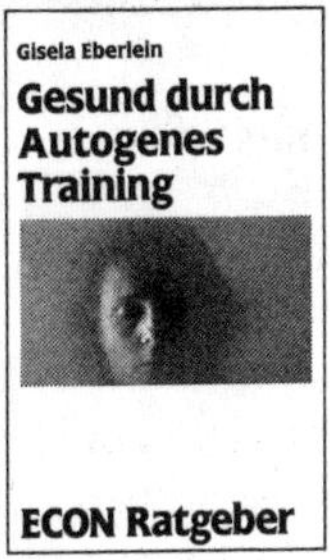

Eberlein, Gisela
Gesund durch Autogenes Training
132 Seiten
6 Zeichnungen
7,80 DM
ISBN 3-612-20141-7
ETB 20141

Das Buch
Alltagsstreß, nervöse Störungen an Herz, Kreislauf, Magen und Darm können durch Autogenes Training behoben werden.
Auch bei Schlafstörungen, depressiven Verstimmungen und Angstzuständen hilft Autogenes Training.
Die Autorin zeigt anhand von eindrucksvollen Beispielen aus ihrer Praxis, welche Erfolge sie mit Autogenem Training erzielte, und sie gibt konkrete Anleitungen, wie das Autogene Training von jedermann angewandt werden kann.
Dies ist ein Ratgeber für alle, die sich geistig und körperlich fit halten wollen.

Die Autorin
Dr. med. Gisela Eberlein unterrichtet in eigener Praxis Autogenes Training und leitet außerdem Kurse und Seminare an einer Volkshochschule sowie in Arbeitsgemeinschaften.

Die Wechseljahre: Keine Krankheit, sondern eine Lebensstufe.

van Keep, Pieter A./
Jaszmann, Laszlo
Die Wechseljahre der Frau
139 Seiten
6 Zeichnungen
6,80 DM
ISBN 3-612-20013-5
ETB 20013

Das Buch
Der Übergang von der fruchtbaren in die nächste Lebensperiode ist für Körper und Psyche der Frau mit einschneidenden Veränderungen verbunden. Neben den rein hormonellen Umstellungen des Körpers und Nebenerscheinungen, wie Hitzewallungen, verbunden mit akuten Schweißausbrüchen, Schilddrüsenstörungen, rheumatischen Gelenkveränderungen, hat die Frau häufig mit psychischen Beschwerden, wie Depressionen und starken Schwankungen im Gefühlsleben, zu kämpfen. Dieses Buch zeigt, wie jede Frau diese Beschwerden erfolgreich durch die bewußte Auseinandersetzung mit dieser Lebensphase angehen kann.

Die Autoren
P. A. van Keep und L. Jaszmann, Gynäkologen, haben in diesem Buch wissenschaftlich fundierte Erfahrungen aus der klinischen Arbeit mit Frauen im Klimakterium zusammengestellt.

Sich selbst massieren – kein Problem.

Stadtlaender, Chris
Selbstmassage
– Gesund und schön durch eigene Kraft –
Originalausgabe
160 Seiten
29 Zeichnungen
8,80 DM
ISBN 3-612-20067-4
ETB 20067

Das Buch
Schon die alten Griechen und Römer wußten um den gesundheits- und schönheitsfördernden Wert der Massage, der bis heute feststeht. Massagen sind teuer, auf Krankenschein kann man sich nur bei Krankheit und bei degenerativen Leiden massieren lassen. Um gesund und schön zu bleiben, kann man sich aber auch selbst massieren, wie, das zeigt die Autorin. Nach einer Einführung in die Geschichte der Massage, einer Erläuterung der Heil-, Sport- und Schönheitsmassagen, der Vorsichtsmaßnahmen bei Schmerzen, Entzündungen und Krampfadern beschreibt sie, wie man sich von Kopf bis Fuß selbst massieren kann, welche Griffe man kennen muß und welche selbst hergestellten Kräuteröle man verwenden kann.

Die Autorin
Chris Stadtlaender ist Fachjournalistin für Medizin und Kosmetik. Sie lebt in Wien.

Box dich fit!

Dunkel, C./Schulz, H.
Boxgymnastik für Frauen
Das neue Fitneßprogramm für den ganzen Körper
Originalausgabe
112 Seiten, 102 Fotos
8,80 DM
ISBN 3-612-20149-2
ETB 20149

Das Buch
Bei dieser neuen Gymnastikart kämpfen nicht Frauen gegen Frauen, sondern es ist eine Sportart, die den Körper besser trainiert als Aerobic und Jogging zusammen. Es ist außerdem ein Anti-Aggressions-Programm, das Streß und Ärger abbaut. Die Autorin beschreibt, welche Geräte und Kleidung benötigt werden, wie hoch der finanzielle Aufwand ist und gibt in ausführlichen Schritt-für-Schritt-Übungen zahlreiche Hinweise für richtiges Training, damit die ideale Figur erreicht werden kann.

Die Autorin
Cornelia Dunkel ist seit vielen Jahren Gymnastik- und Sportlehrerin und hat das Box-Training in ihr Lehrprogramm aufgenommen.

Erste Hilfe für Kinder.

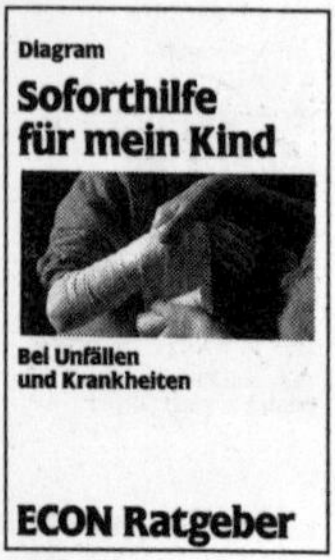

Diagram
Soforthilfe für mein Kind
Bei Unfällen und Krankheiten
128 Seiten
200 Zeichnungen
7,80 DM
ISBN 3-612-20115-8
ETB 20115

Das Buch
Wie wäscht man eine Wunde aus? Wie behandelt man Verbrennungen? Wie wird ein Finger verbunden? Was macht man bei Knochenbrüchen?
Wie entfernt man einen Splitter? Was gehört in den Erste-Hilfe-Schrank? Was macht man bei Hautinfektionen?
Auf diese und viele andere Fragen gibt das Buch klare Antworten, erklärt durch über 200 Zeichnungen. Es sagt den Eltern, wie sie sich bei Kinderkrankheiten und anderen kindlichen Problemen verhalten sollen, bei Blinddarmreizung und Ohrinfektionen, bei Schock und in vielen anderen Fällen.
Dieses Buch wurde in Zusammenarbeit mit dem Deutschen Roten Kreuz erstellt und ist Begleitbuch in einer ZDF-Fernsehreihe.

Mehr Spaß am Lernen – Mehr Zeit zum Spielen.

Beyer, Günther
So lernen Schüler leichter
– Gedächtnis- und Konzentrationstraining –
128 Seiten, 92 Zeichnungen, 49 Übungen
6,80 DM
ISBN 3-612-20001-1
ETB 20001

Das Buch
Mangelhafte Konzentrationsfähigkeit und schlechtes Gedächtnis sind oft die Ursachen für ungenügende Leistungen in der Schule. Dieses Buch schafft Abhilfe: Kinder zwischen 8 und 15 Jahren erfahren, wie sie mit einfachen Lerntechniken ihr Gedächtnis schulen und ihre Konzentrationsfähigkeit erhöhen können, um besser zu werden, Spaß am schnellen Lernen zu finden und damit mehr Zeit zum Spielen zu haben.
Übungen und Kontrolltests helfen, Können und Leistungen zu steigern.

Der Autor
Günther Beyer ist Gründer des Eltern-Schüler-Förderkreises Nordrhein-Westfalen.
Er leitet ein eigenes Institut für Creatives Lernen.
Im ECON-Verlag erschienen seine Ratgeber „Creatives Lernen", „Gedächtnis- und Konzentrationstraining" und „Superwissen durch Alpha-Training".

Die Ängste unserer Kinder.

Eberlein, Gisela
Ängste gesunder Kinder
– Praktische Hilfe bei Lernstörungen –
158 Seiten
7,80 DM
ISBN 3-612-20010-0
ETB 20010

Das Buch
Jedes Kind kämpft mit unbewußten Ängsten, die es in irgendeiner Form hindern, zwanglos fröhlich, aktiv und spontan zu sein. Nervosität, Schlafstörungen, Kontaktschwierigkeiten, ja sogar Asthma, Stottern, Bettnässen sind Folgen dieser Ängste, die durch gezielt angewendete psychologische und pädagogische Entspannungsübungen behoben werden können. Wie, das zeigt dies Buch.

Die Autorin
Dr. med. Gisela Eberlein lehrt in eigener Praxis, in Seminaren und Arbeitsgemeinschaften autogenes Training. Besonders bei Kindern erzielte sie über psychologisch und pädagogisch fundierte Entspannungsmethoden große Erfolge.

Damit der Kindergeburtstag wirklich gelingt.

Kiskalt, Isolde
Wir feiern eine Kinderparty
Spiele, Rezepte, Zaubereien für 4- bis 10jährige
Originalausgabe
128 Seiten
86 Zeichnungen
7,80 DM
ISBN 3-612-20102-6
ETB 20102

Das Buch
Wichtig für eine Kinderparty ist die richtige Vorbereitung. Essen und Trinken, Spiele und Gewinne müssen geplant werden. Dazu findet man in diesem Buch zahlreiche Anregungen und Vorschläge.

Aus dem Inhalt
Vorbereitungen zur Party · Rezepte für Kindergetänke, Gebäck und kleines kaltes Büfett · Bekannte und weniger bekannte Spiele (mit Altersangabe) · Kleine Zaubereien für die Erwachsenen · Zum Ausklang des Festes: eine Tombola.

Die Autorin
Isolde Kiskalt ist Schriftstellerin und bringt hier ihre Erfahrungen, die sie bei Festen für ihre Tochter gewonnen hat.

Naturheilmethoden und heimliche Krankmacher.

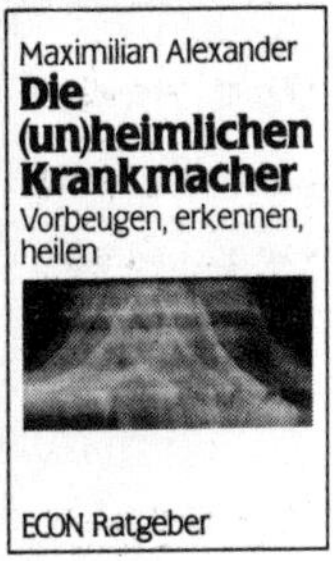

Alexander, Maximilian
Die (un)heimlichen Krankmacher
– Erkennen, Heilen, Vorbeugen –
Originalausgabe
144 Seiten
9,80 DM
ISBN 3-612-20039-9
ETB 20039

Das Buch
Die verborgenen Krankheitsursachen sind das große Handicap der konservativen Schulmedizin, die Krankheitssymptome werden mit höchst bedenklichen Mitteln der Chemie unterdrückt.
Die moderne Naturmedizin aber geht auf den Menschen als Ganzes ein und hilft, Störfelder, vergiftete Stoffwechsellagen, Wirbelsäulenveränderungen, nervale Blokkaden, Lymphstauungen, Psychotoxine, Blutdruck, Durchblutungsstörungen, Sauerstoffmangel, Allergien, Wetterfühligkeit und Therapieschäden zu normalisieren. Ein Krankheits- und Heilmittelregister schließt das Buch ab.

Der Autor
Maximilian Alexander arbeitet seit vielen Jahren als freier Journalist und Schriftsteller. Seine Spezialgebiete sind Medizin und Naturheilkunde.

Biomedizin – die natürliche Alternative.

Alexander, Maximilian/Zoubek, Eugen
Schmerzfrei durch Biomedizin
– Neue Naturheilmethoden –
143 Seiten
6,80 DM
ISBN 3-612-20000-3
ETB 20000

Das Buch
Akute und chronische Schmerzzustände sind das Schicksal vieler Menschen und können oft einen Lebensweg beeinflussen und prägen. Die Biomedizin bietet eine natürliche Alternative zu den herkömmlichen Schmerzmitteln.
Wirksame Präparate, auf rein biologischer Basis hergestellt, helfen Schmerzen ohne schädliche Nebenwirkungen überwinden, mobilisieren Eigenkräfte und setzen einen natürlichen Heilungsprozeß in Gang. Anhand zahlreicher Praxisbeispiele zeigen die Autoren, mit welchen Mitteln der modernen Naturmedizin der Mensch Krankheiten und Schmerzen vorbeugen und sich selbst erfolgreich behandeln kann.

Die Autoren
Maximilian Alexander arbeitet seit vielen Jahren als freier Journalist und Schriftsteller. Seine Spezialgebiete sind Medizin und Naturheilkunde.
Eugen Zoubek ist Homöopath und Arzt.

Nie mehr Verstopfung.

Leibold, Gerhard
Gesund und fit durch Ballaststoffe
Originalausgabe
140 Seiten
5 Zeichnungen
7,80 DM
ISBN 3-612-20082-8
ETB 20082

Das Buch
Ballaststoffe sind wichtige Bestandteile der menschlichen Nahrung. Der Autor schildert die Notwendigkeit der Verwendung und die Gefahren für die Gesundheit bei Mangel an Ballaststoffen.

Aus dem Inhalt
Was sind Ballaststoffe? · Natürliche Ballaststoffquellen · Stuhlgang ohne Probleme · Regulierung der Blutfett- und Blutzuckerwerte · Vorbeugung von Krebskrankheiten · Krank durch Ballaststoffmangel · Richtige Ernährung · Rezepte für ballaststoffreiche Ernährung.

Der Autor
Gerhard Leibold ist erfahrener Heilpraktiker und Autor zahlreicher Sachbücher.

Krankheiten erkennen und selbst behandeln.

Bierach, Alfred
Reflexzonentherapie
– Krankheiten erkennen und selbst behandeln –
123 Seiten
89 Zeichnungen
46 Fotos
6,80 DM
ISBN 3-612-20002-X
ETB 20002

Das Buch
Geistige Anspannung und körperliche Verkrampfung führen oft zu Verhärtung oder Knötchen, da von den inneren Organen Reflexbahnen zur Körperdecke laufen, die diese verändern. Durch Reflexzonenmassage kann man über bestimmte Gebiete der Körperdecke auf innere Organe einwirken, Schmerz lindern oder heilen.
Die exakte Bebilderung in diesem Buch zeigt, welche Körperzonen bei welchen Erkrankungen behandelt werden sollen.

Der Autor
Alfred Bierach leitet eine eigene Praxis für Psychotherapie und Naturheilkunde am Bodensee. Seit Jahren wendet er Reflexzonenmassage erfolgreich an

AIDS wurde zum Schrecken der Welt.

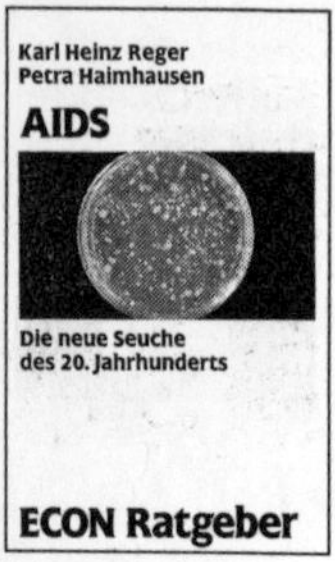

Reger, Karl Heinz/ Haimhausen, Petra
AIDS
– Die neue Seuche des 20. Jahrhunderts –
134 Seiten
8,80 DM
ISBN 3-612-20084-4
ETB 20084

Das Buch
Dieses Buch soll Aufklärung schaffen, es offenbart alles, was heute über diese verhängnisvolle Krankheit und ihre Entstehung bekannt ist.

Aus dem Inhalt
Fünf Schicksale, die am Beginn einer neuen Epidemie stehen · So kann AIDS entstehen · Wie AIDS in den Körper gelangt · Krankheitserreger, die für AIDS-Kranke tödlich sein können · Was Ärzte heute gegen AIDS tun können · Wie AIDS-Gefährdete sich schützen können.

Die Autoren
Karl Heinz Reger ist Journalist und Sachbuchautor medizinischer Themen.
Dr. med. Petra Haimhausen ist Ärztin.

Jeder 5. Deutsche reagiert allergisch.

Ulrich, Wolf
Allergien sind heilbar
– Hilfe bei Heuschnupfen und anderen allergischen Krankheiten –
159 Seiten
14 Zeichnungen
8,80 DM
ISBN 3-612-20023-2
ETB 20023

Das Buch
Tränende Augen, Schnupfnase, geschwollene Schleimhäute oder absinkender Blutdruck sind typische Symptome für Allergien, die ausgelöst werden können durch Pilzsporen oder Pollen, durch Medikamente, Mehl, verschiedene Fasern, Milch, Obst, Fisch oder Eier. Beschrieben wird, welche Krankheitsbilder mit welchen Symptomen allergisch bedingt sind, welche Diagnosemethoden es gibt, welche Vor- und Nachteile sie haben und wie Allergien behandelt werden können.

Der Autor
Dr. med. Wolf Ulrich ist Medizinjournalist und Verfasser anderer Bücher. Im ECON-Verlag erschienen seine Ratgeber „Schmerzfrei durch Akupressur und Akupunktur", „Zellulitis ist heilbar" und „Haare pflegen und erhalten".

Rheuma: Die Geißel Nummer 1.

Alexander, Maximilian
Rheuma ist heilbar
– Neueste Naturheilmethoden –
142 Seiten
7,80 DM
ISBN 3-612-20017-8
ETB 20017

Das Buch
Mindestens vier Prozent der Menschheit ist an Rheuma erkrankt. Die herkömmliche Medizin hat diese Krankheit mit ihren verheerenden Folgen für Patient, Staat und Volkswirtschaft nicht in den Griff bekommen können.
In diesem Buch werden hochwirksame Naturheilmethoden gegen den gesamten Rheumakomplex dargestellt. Bei konsequenter Anwendung kann mit Naturheilmitteln dieses Leiden gelindert werden, eine neue Hoffnung besteht zurecht.

Der Autor
Maximilian Alexander arbeitet seit vielen Jahren als Medizin-Journalist.

Jede dritte Frau leidet unter Orangenhaut.

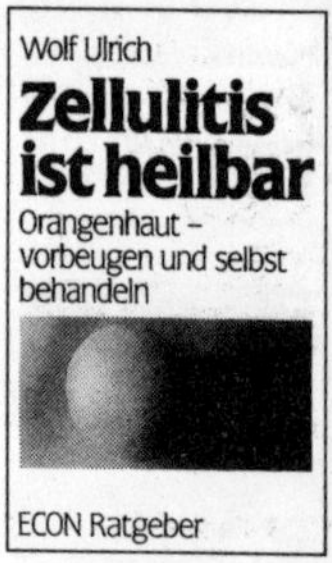

Ulrich, Wolf
Zellulitis ist heilbar
– Orangenhaut vorbeugen und selbst behandeln –
128 Seiten
51 Fotos
6,80 DM
ISBN 3-612-20012-7
ETB 20012

Das Buch
Zellulitis ist heilbar! Der Autor erklärt, wie Zellulitis entsteht, und schildert, wie man Zellulitis erfolgreich vorbeugen kann und sie heilt. Er entwickelte ein mehrstufiges Anti-Zellulitis-Programm, mit dem er durch Lebensführung, richtige Ernährung, Sport und Gymnastik, Massage, Medikamente und viel Geduld in zehn Wochen diese häßliche Krankheit heilen kann. 51 Fotos erläutern sein Programm und erleichtern dem Leser, es alleine durchzuführen.

Der Autor
Dr. med. Wolf Ulrich ist Facharzt für Hautkrankheiten.

Bewußter leben und erleben.

Stangl, Marie-Luise
Jede Minute sinnvoll leben
– Vertrauen zu sich selbst gewinnen –
123 Seiten
5,80 DM
ISBN 3-612-20015-1
ETB 20015

Das Buch
Eine der besten Kennerinnen der alten chinesisch-japanischen Weisheiten des Zen-Buddhismus verhilft dem Leser – von der Hausfrau bis hin zum Top-Manager – zu einem neuen Verständnis seiner selbst. Sie beschreibt, wie man durch Bewußtwerdung ganz alltäglicher Tätigkeiten und Verrichtungen – wie Gehen, Stehen, Laufen, Essen, Arbeiten – sein Leben und seine Persönlichkeit eindringlicher und bejahender erlebt und erfaßt, wie man sich von Angst, Zerrissenheit, Selbstentfremdung und aus innerer Einsamkeit löst und dadurch neue Lebenskraft schöpft.

Die Autorin
Marie-Luise Stangl leitet im Odenwald, zusammen mit ihrem Mann Dr. Anton Stangl, seit vielen Jahren Seminare zur Persönlichkeitsbildung durch Entspannungstechniken.

Der Weg zum inneren Reich.

Müller-Elmau, Bernhard
Kräfte aus der Stille
– Die transzendentale Meditation –
191 Seiten
7,80 DM
ISBN 3-612-20021-6
ETB 20021

Das Buch
Ohne Bewußtsein könnten wir nichts von unserem Dasein als Mensch wissen. Transzendentale Meditation führt den Menschen wieder in die Bereiche des Seelisch-Geistigen zurück und erschließt ihm sein inneres Reich und ein Bewußtsein, in dem Liebe, Glück und Würde ihren angestammten Platz einnehmen können.

Der Autor
Bernhard Müller-Elmau leitet Schloß Elmau am Wetterstein, das sein Vater als Stätte geistiger Erholung geschaffen hat. Er beschäftigt sich seit vielen Jahren mit Transzendentaler Meditation. Während eines Studienaufenthaltes in Indien traf er Maharishi Mahesh Yogi, der dies erste deutsche Buch über Transzendentaler Meditation gut geheißen hat.

Wir sind alle auf demselben Weg.

Stangl, Marie-Luise
Die Welt der Chakren
– Praktische Übungen zur Seins-Erfahrung –
Originalausgabe
107 Seiten
49 Zeichnungen
5,80 DM
ISBN 3-612-20022-4
ETB 20022

Das Buch
Die Lehre von den Chakren – eine indische Lehre – handelt von den menschlichen Kraftzentren, den Zentren, in denen der Mensch die Schwingungen seiner Lebensenergie oder Lebenskraft aus dem Kosmos, der unmerklichen Quelle seines Seins aufnimmt. Dieses Buch soll dem Leser helfen, bewußter zu leben, sein Denken und Fühlen im Hier und Jetzt zu zentrieren, sich zu entspannen, Zuversicht, Vertrauen, Frieden und Liebe zu finden.

Die Autorin
Marie-Luise Stangl ist Entspannungspädagogin. Sie leitet seit vielen Jahren, zusammen mit ihrem Mann Dr. Anton Stangl, Seminare zur Selbsterfahrung und Selbstverwirklichung durch Eutonie und Zen.

Schlank im Schlaf.

Bierach, Alfred
Schlank im Schlaf durch vertiefte Entspannung
– Die SIS-Methode –
144 Seiten, 1 Grafik
6,80 DM
ISBN 3-612-20008-9
ETB 20008

Das Buch
Durch vertiefte Entspannung im Schlaf schlank werden, dies ist eine neue Methode, die all jenen zu empfehlen ist, die ohne Mühe schlank werden und endlich wieder ihr Normalgewicht erreichen wollen. Im Zustand tiefster Entspannung suggeriert der Mensch seinem Unterbewußtsein ein verändertes Ernährungsprinzip und kann so bei Bewußtsein mühelos den neuen Weg einhalten. Eine wissenschaftliche und praxiserprobte Methode, die in psychosomatischen Kliniken angewandt wird.

Der Autor
Dr. Alfred Bierach, Psychotherapeut und Naturheilkundler, ist in eigener Praxis am Bodensee tätig. Mit der SIS-Methode hat er vielen Patienten geholfen, schlank zu werden.

Das Standardwerk der biologischen Küche.

Danner, Helma
Biologisch kochen und backen
– Das Rezeptbuch der natürlichen Ernährung –
288 Seiten, 8 Farbtafeln, 425 Rezepte
14,80 DM
ISBN 3-612-20003-8
ETB 20003

Das Buch
Natürliche Ernährung ist nicht nur gesund, sondern auch wohlschmeckend, durch sie können Krankheiten geheilt, gelindert und verhindert werden: Karies, Paradontose, Erkrankung des Bewegungsapparates, Zuckerkrankheit, Leber-, Gallen-, Nierenerkrankungen, Beschwerden der Verdauungsorgane, Gefäßerkrankungen u. v. a. m. Naturbelassene Ernährung bringt dem Menschen neuen Schwung, Elastizität, Ausdauer und hohe Konzentrationsfähigkeit, sie erhält ihn gesund und schlank.
Die Rezepte in diesem Buch sind praxiserprobt.

Die Autorin
Helma Danner ist Gesundheitsberaterin.
Sie beschäftigt sich seit vielen Jahren mit der wissenschaftlichen und Laienliteratur auf dem Ernährungssektor, mit neuesten und alten Gesundheits- und Kochbüchern.

Gesunde Ernährung für körperliches und seelisches Wohl.

Dörner, Ilse Sibylle
Das grüne Kochbuch
– Handbuch der naturbelassenen Küche –
270 Seiten
20 Zeichnungen
382 Rezepte
12,80 DM
ISBN 3-612-20026-7
ETB 20026

Das Buch
Das Handbuch der naturbelassenen Küche beweist mit über 380 Rezepten, daß man gesund leben und trotzdem köstlich essen kann.
Modernes Kochen mit frischen und gesunden Lebensmitteln, die schonend, selbst für schmackhafte Speisen, verarbeitet werden – unter dieser Maxime steht das grüne Kochbuch mit seinen vielen praxiserprobten Rezepten, Anleitungen, Tips und Ratschlägen zur naturbelassenen Küche. Es zeigt aber auch, daß Kochen nicht erst am Herd beginnt: Joghurt und Käse, Gemüse und Kräuter aus eigener Produktion bereichern jeden Tisch.

Die Autorin
Ilse Sibylle Dörner schreibt als freie Journalistin u. a. für die Zeitschrift „Feinschmecker". Sie ist Autorin mehrerer Kochbücher.

Endlich! Die Diät, die Spaß macht.

Dörner, Ilse Sibylle
Diät mit Bio-Kost
– Schlank, gesund und fit –
Originalausgabe
189 Seiten
16 Zeichnungen
232 Rezepte
9,80 DM
ISBN 3-612-20019-4
ETB 20019

Das Buch
Bio-Diät ist eine neue, gesunde Möglichkeit, schlank zu werden und schlank zu bleiben. Köstliche Rezepte, eine Einführung in die Kräuter- und Keimlingszucht, Bio-Kosmetik und Bio-Medizin verleiten den Leser, sofort anzufangen und ohne Qual und zeitliche Begrenzung seinem Körper etwas Gutes zu tun, ihn schlank und fit zu halten.

Die Autorin
Ilse Sibylle Dörner schreibt als freie Journalistin u. a. für die Zeitschrift „Feinschmecker". Sie ist Autorin mehrerer Kochbücher, u.a. „Das grüne Kochbuch", ein Standardwerk für die alternative Küche.

Schnäpse und Liköre – Auch ein Stück Gesundheit?

Buss, Katharina
Leib- u. Magenelixiere
– Selbstgemachte Liköre u. Schnäpse –
Originalausgabe
144 Seiten
30 Zeichnungen
4 Farbtaf., 167 Rezepte
8,80 DM
ISBN 3-612-20018-6
ETB 20018

Das Buch
Äbte, Padres und Nonnen durften keinen Alkohol zu sich nehmen, und doch haben sie die besten Rezepte für die Zubereitung von Kräuterlikören und Schnäpsen zusammengestellt.
Viele der alten Klostertränke sind hier in etwa 200 Rezepten aufgenommen. Für jeden Geschmack und für die Gesundheit obendrein ist etwas dabei.
Eine Tabelle über die Reifezeiten von Früchten und Kräutern erleichtern die jährliche Planung der eigenen Herstellung.

Die Autorin
Katharina Buss ist Lebensmitteljournalistin, sie schreibt u. a. für den „Feinschmecker". Die Rezepte hat sie selbst ausprobiert.